Impressum
Verlag: BABADADA GmbH, Nedderfeld 112 , 22529 Hamburg
Geschäftsführer / Verlagsleitung: Harald Hof
Druck: Books on Demand GmbH, In de Tarpen 42, 22848 Norderstedt

Imprint
Publisher: BABADADA GmbH, Nedderfeld 112 , 22529 Hamburg, Germany
Managing Director / Publishing direction: Harald Hof
Print: Books on Demand GmbH, In de Tarpen 42, 22848 Norderstedt

σχολείο

школа

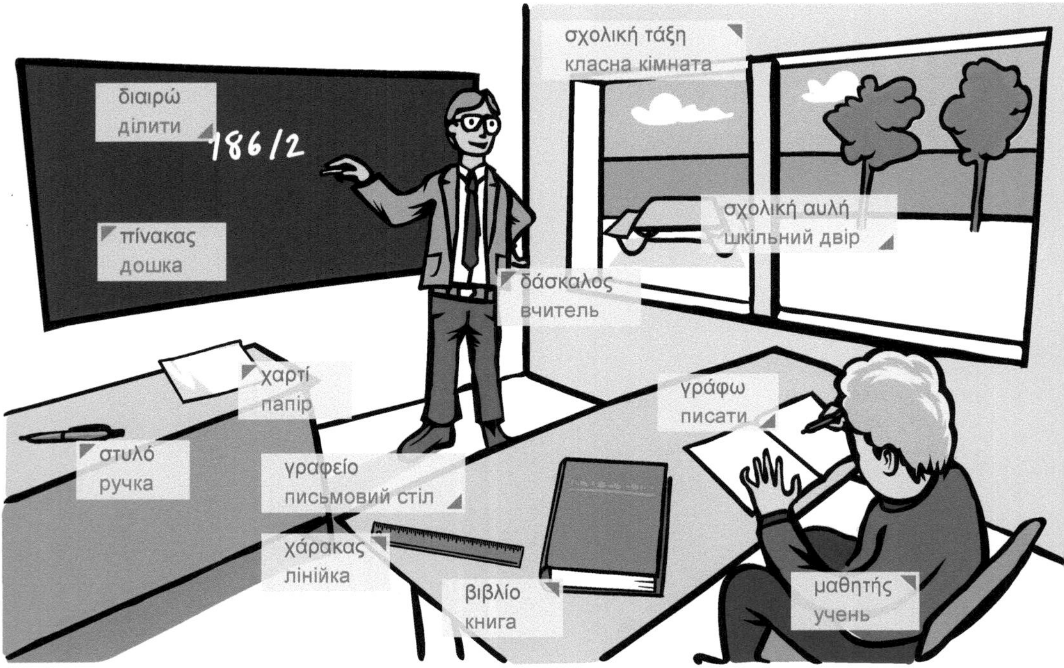

σχολική τάξη
класна кімната
διαιρώ
ділити
186/2
πίνακας
дошка
σχολική αυλή
шкільний двір
δάσκαλος
вчитель
χαρτί
папір
γράφω
писати
στυλό
ручка
γραφείο
письмовий стіл
χάρακας
лінійка
βιβλίο
книга
μαθητής
учень

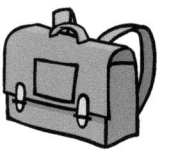

σχολική τσάντα

ранець

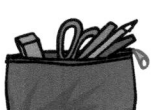

κασετίνα/ μολυβοθήκη

пенал

μολύβι

олівець

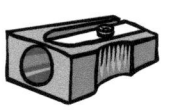

ξύστρα

точило

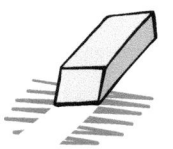

γόμα

гумка

μπλοκ ζωγραφικής

альбом для малювання

ζωγραφική

малюнок

πινέλο

пензель

κουτί χρωμάτων

коробка фарб

ψαλίδι

ножиці

κόλλα

клей

τετράδιο ασκήσεων

зошит

εργασία για το σπίτι

домашнє завдання

12

αριθμός

число

2+2

προσθέτω

додавати

5-2

αφαιρώ

віднімати

2×2

πολλαπλασιάζω

множити

υπολογίζω

рахувати

A

γράμμα

літера

ABCDEFG
HIJKLMN
OPQRSTU
VWXYZ

αλφάβητο

абетка

λέξη

слово

κείμενο

текст

διαβάζω

читати

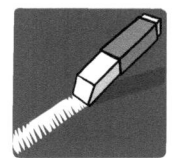

κιμωλία

крейда

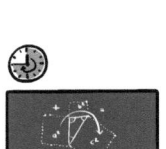

μάθημα

година

εγγράφομαι

класний журнал

τεστ

екзамен

πιστοποιητικό

диплом

μαθητική στολή

шкільна форма

εκπαίδευση

освіта

εγκυκλοπαίδεια

лексикон

πανεπιστήμιο

університет

μικροσκόπιο

мікроскоп

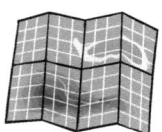

χάρτης

карта

καλάθι αχρήστων

кошик для паперу

ταξίδι

подорож

ξενοδοχείο
готель
Grand
ξενώνας
турбаза
ROOMS
ανταλλακτήρια συναλλάγματος
обмінний пункт
βαλίτσα
валіза
αυτοκίνητο
автомобіль

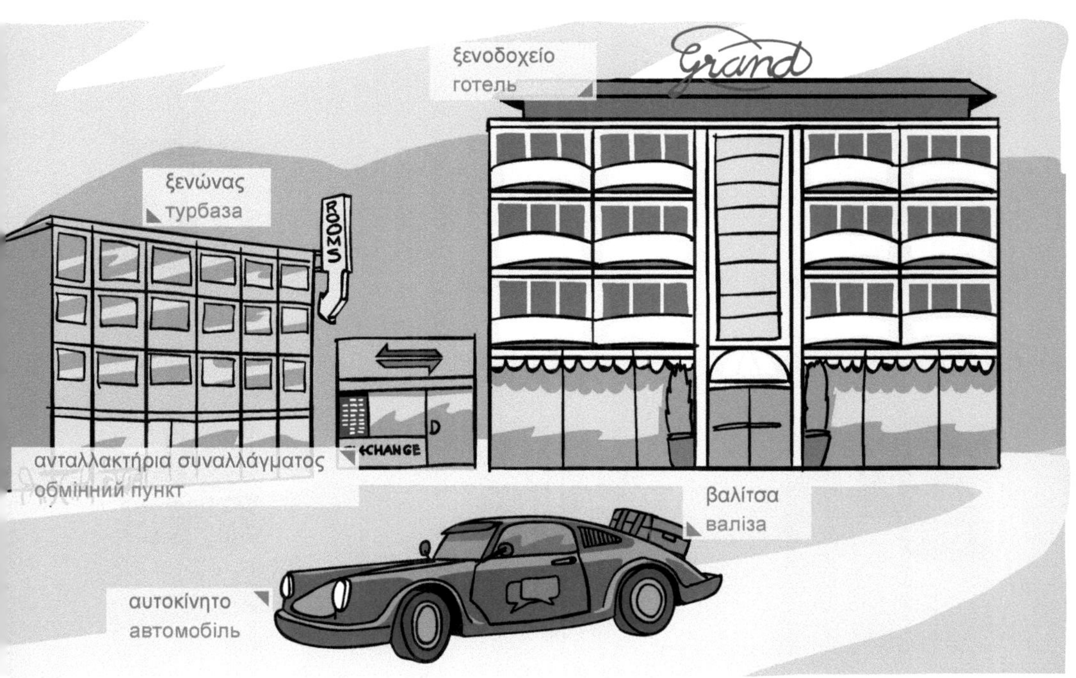

γλώσσα

мова

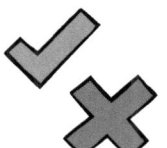

ναι / όχι

так / ні

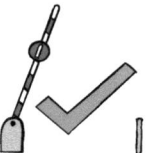

εντάξει

добре

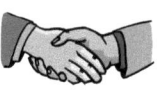

γεια σου

привіт

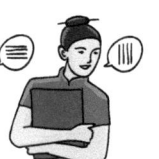

μεταφραστής

перекладач

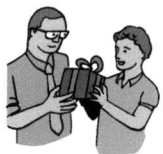

Ευχαριστώ

дякую

πόσο κάνει ;

Скільки коштує ...?

Δε καταλαβαίνω

Я не розумію

πρόβλημα

проблема

Καλησπέρα!

Добрий вечір!

Καλημέρα!

Доброго ранку!

Καληνύχτα!

На добраніч!

Αντίο

До побачення

κατεύθυνση

напрямок

αποσκευές

багаж

τσάντα

сумка

σακίδιο πλάτης

рюкзак

καλεσμένος

гість

δωμάτιο

кімната

υπνόσακος

спальний мішок

σκηνή

намет

τουριστικές πληροφορίες

туристична інформація

παραλία

пляж

πιστωτική κάρτα

кредитна картка

πρωινό

сніданок

μεσημεριανό

обід

δείπνο

вечеря

εισιτήριο

квиток

ανελκυστήρας

ліфт

γραμματόσημο

поштова марка

σύνορα

межа

τελωνείο

митниця

πρεσβεία

посольство

βίζα

віза

διαβατήριο

паспорт

ταξίδι - подорож

μεταφορά

транспорт

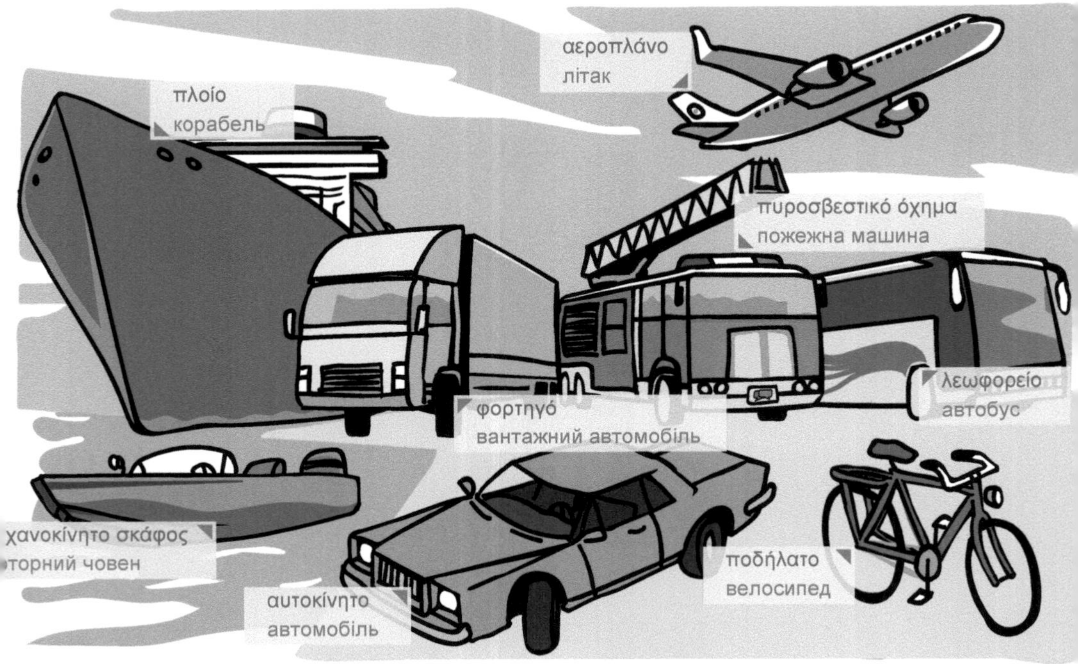
αεροπλάνο
літак
πλοίο
корабель
πυροσβεστικό όχημα
пожежна машина
λεωφορείο
автобус
φορτηγό
вантажний автомобіль
χανοκίνητο σκάφος
торний човен
ποδήλατο
велосипед
αυτοκίνητο
автомобіль

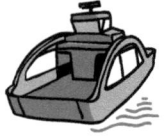

φεριμπότ

пором

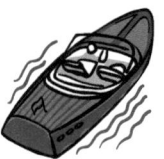

βάρκα

човен

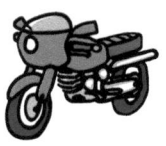

μοτοσικλέτα

мотоцикл

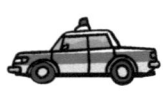

περιπολικό

поліцейська машина

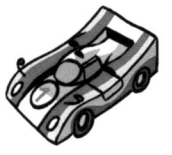

αγωνιστικό αυτοκίνητο

гоночний автомобіль

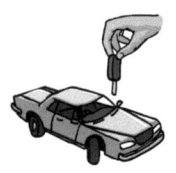

ενοικιαζόμενο αυτοκίνητο

автомобіль на прокат

διαμοιρασμός αυτοκινήτων

спільне користування авто

γερανός

евакуатор

απορριμματοφόρο

сміттєвоз

κινητήρας

двигун

καύσιμο

паливо

βενζινάδικο

автозаправна станція

πινακίδα σήμανσης

дорожній знак

κυκλοφορία

рух

κυκλοφοριακή συμφόρηση

затор

χώρος στάθμευσης

стоянка

σιδηροδρομικός σταθμός

вокзал

σιδηροδρομικές γραμμές

рейки

τρένο

потяг

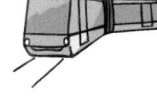

τραμ

трамвай

βαγόνι

вагон

ελικόπτερο

гелікоптер

αεροδρόμιο

аеропорт

πύργος

вежа

επιβάτης

пасажир

εμπορευματοκιβώτιο

контейнер

χαρτοκιβώτιο

коробка

καρότσι

візок

καλάθι

кошик

απογειώνομαι /
προσγειόνομαι

стартувати / приземлятися

πόλη

місто

χωριό

село

κέντρο της πόλης

центр міста

σπίτι

дім

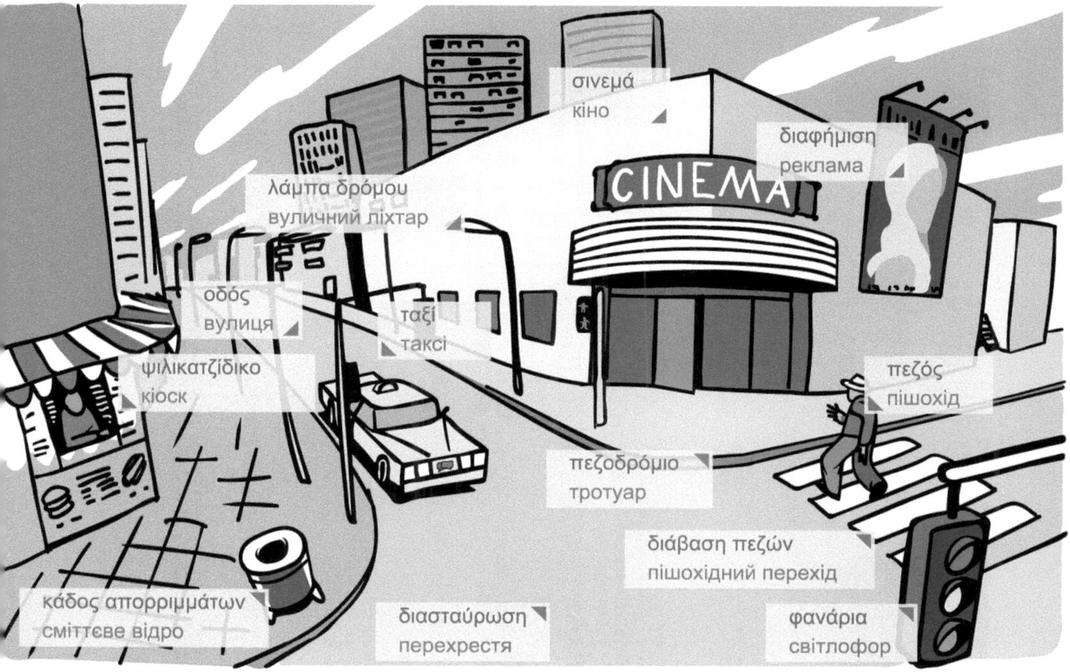

σινεμά
кіно

διαφήμιση
реклама

λάμπα δρόμου
вуличний ліхтар

CINEMA

οδός
вулиця

ταξί
таксі

ψιλικατζίδικο
кіоск

πεζός
пішохід

πεζοδρόμιο
тротуар

διάβαση πεζών
пішохідний перехід

κάδος απορριμμάτων
сміттєве відро

διασταύρωση
перехрестя

φανάρια
світлофор

καλύβα

хатина

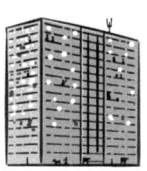

διαμέρισμα

квартира

σιδηροδρομικός σταθμός

вокзал

δημαρχείο

ратуша

μουσείο

музей

σχολείο

школа

πανεπιστήμιο

університет

τράπεζα

банк

νοσοκομείο

лікарня

ξενοδοχείο

готель

φαρμακείο

аптека

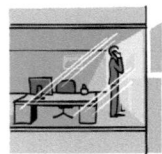

γραφείο

офіс

βιβλιοπωλείο

книжковий магазин

κατάστημα

магазин

ανθοπωλείο

квітковий магазин

σούπερ μάρκετ

супермаркет

αγορά

ринок

πολυκατάστημα

універмаг

ιχθυοπωλείο

торговець рибою

εμπορικό κέντρο

торговельний центр

λιμάνι

гавань

πάρκο

парк

παγκάκι

лава

γέφυρα

міст

σκάλες

сходи

μετρό

метро

τούνελ

тунель

στάση λεωφορείου

автобусна зупинка

μπαρ

бар

εστιατόριο

ресторан

γραμματοκιβώτιο

поштова скринька

πινακίδα δρόμου

вулична табличка

παρκόμετρο

лічильник паркування

ζωολογικός κήπος

зоопарк

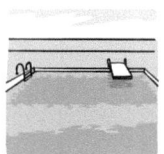

πισίνα

басейн

τζαμί

мечеть

αγρόκτημα
ферма

ρύπανση
забруднення
навколишнього
середовища

νεκροταφείο
кладовище

εκκλησία
церква

παιδική χαρά
дитячий майданчик

ναός
храм

τοπίο
ландшафт

φύλλο
листок

πινακίδα κατεύθυνσης
вказівний стовп

δρόμος
шлях

λιβάδι
луг

πέτρα
камінь

δέντρο
дерево

πεζοπόρος
мандрівник

ποτάμι
річка

χορτάρι
трава

λουλούδι
квітка

κοιλάδα

долина

λόφος

гора

λίμνη

озеро

δάσος

ліс

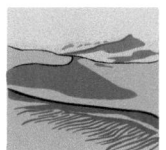

έρημος

пустеля

ηφαίστειο

вулкан

κάστρο

замок

ουράνιο τόξο

веселка

μανιτάρι

гриб

φοίνικας

пальма

κουνούπι

комар

μύγα

муха

μυρμήγκι

мурашка

μέλισσα

бджола

αράχνη

павук

σκαθάρι

жук

βάτραχος

жаба

σκίουρος

вивірка

σκαντζόχοιρος

їжак

λαγός

заєць

κουκουβάγια

сова

πουλί

птах

κύκνος

лебідь

αγριογούρουνο

кабан

ελάφι

олень

άλκη

лось

φράγμα

гребля

ανεμογεννήτρια

вітряк

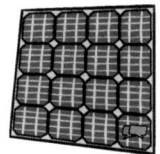

ηλιακός συλλέκτης

сонячний модуль

κλίμα

клімат

εστιατόριο

ресторан

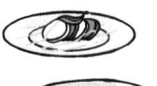

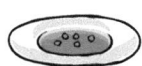

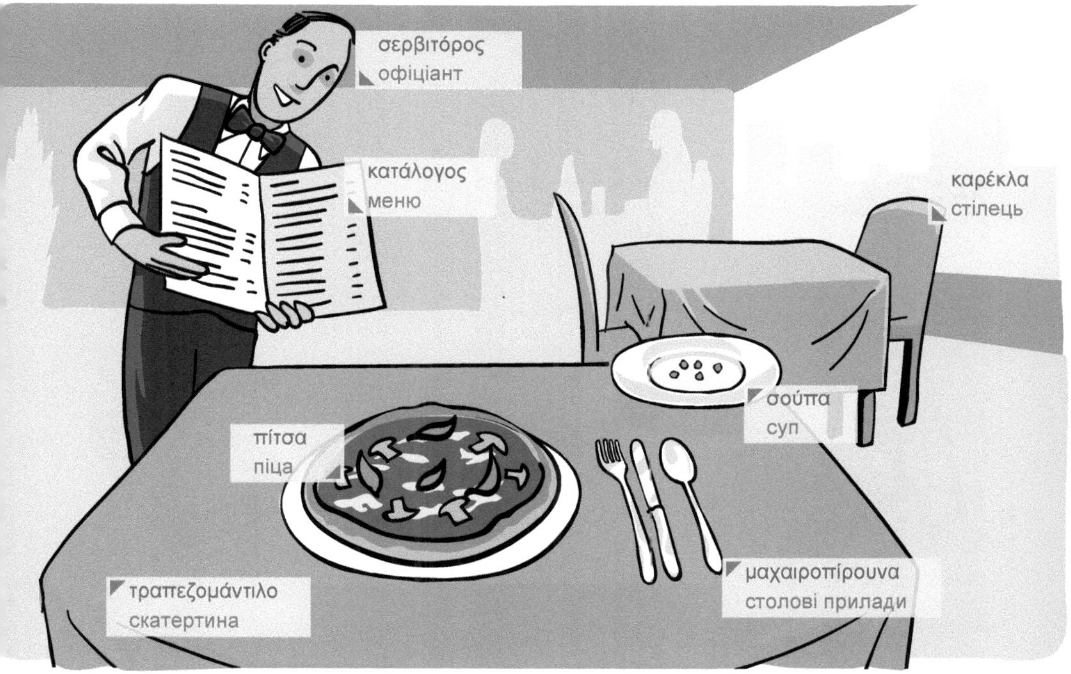

σερβιτόρος
офіціант
κατάλογος
меню
καρέκλα
стілець
σούπα
суп
πίτσα
піца
μαχαιροπίρουνα
столові прилади
τραπεζομάντιλο
скатертина

ορεκτικό

закуска

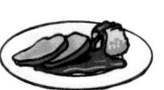

κύριο πιάτο

друга страва

επιδόρπιο

десерт

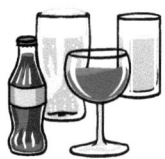

ποτά

напої

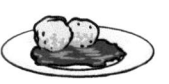

φαγητό

їжа

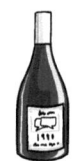

μπουκάλι

пляшка

φαστ φουντ

фаст-фуд

φαγητό στ' όρθιο

вулична їжа

τσαγιέρα

чайник

δοχείο ζάχαρης

цукорниця

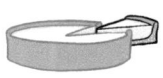

μερίδα

порція

μηχανή εσπρέσο

еспресо-машина

ψηλή καρέκλα

високий стільчик

λογαριασμός

рахунок

δίσκος

піднос

μαχαίρι

ніж

πιρούνι

вилка

κουτάλι

ложка

κουταλάκι του τσαγιού

чайна ложка

πετσέτα φαγητού

серветка

ποτήρι

склянка

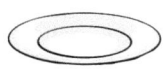

πιάτο

тарілка

πιάτο σούπας

тарілка для супу

πιατάκι φλιτζανιού

блюдце

σάλτσα

соус

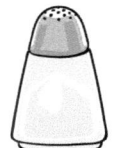

αλατιέρα

солонка

μύλος για πιπέρι

млин для перцю

ξύδι

оцет

λάδι

масло

μπαχαρικά

спеції

κέτσαπ

кетчуп

μουστάρδα

гірчиця

μαγιονέζα

майонез

σούπερ μάρκετ

супермаркет

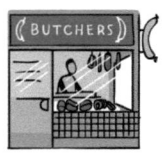

προσφορά
пропозиція
FOR
πελάτης
клієнт
γαλακτοκομικά προϊόντα
молочні продукти
φρούτα
фрукти
καρότσι για ψώνια
візок для покупок

BUTCHERS

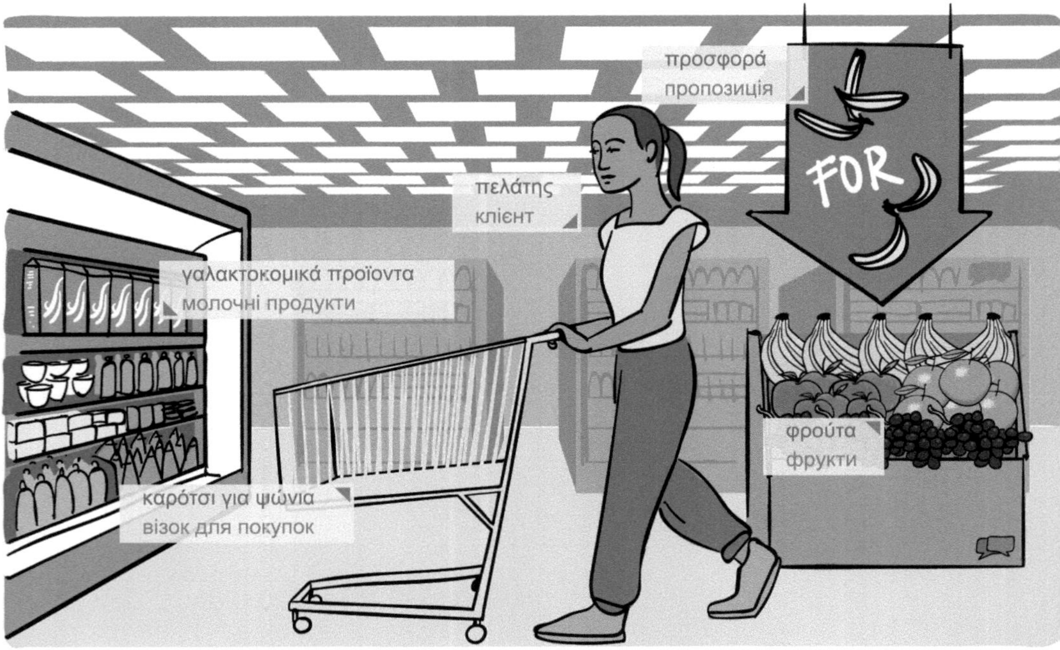

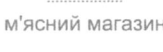

κρεοπωλείο

м'ясний магазин

BAKERY

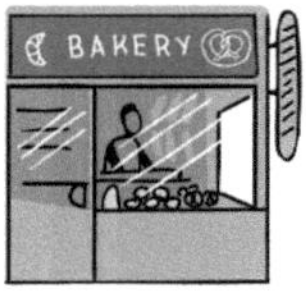

φούρνος

пекарня

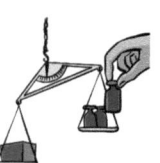

ζυγίζω

зважувати

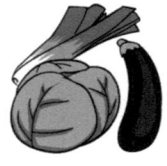

λαχανικά

овочі

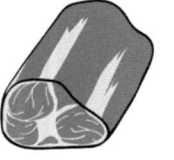

κρέας

м'ясо

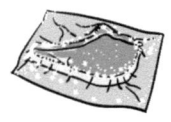

κατεψυγμένα τρόφιμα

заморожені продукти

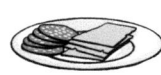

αλλαντικά
ковбасна нарізка

κονσερβοποιημένη τροφή
консерви

απορρυπαντικό ρούχων
пральний порошок

γλυκά
солодощи

οικιακά είδη
предмети домашнього побуту

καθαριστικά προϊόντα
мийний засіб

πωλήτρια
продавщиця

ταμείο
каса

ταμίας
касир

λίστα για ψώνια
список покупок

ωράριο λειτουργίας
часи роботи

πορτοφόλι
гаманець

πιστωτική κάρτα
кредитна картка

τσάντα
сумка

πλαστική σακούλα
поліетиленовий пакет

νερό
вода

χυμός
сік

γάλα
молоко

κόκα κόλα
кола

κρασί
вино

μπίρα
пиво

αλκοόλ
алкоголь

κακάο
какао

τσάι
чай

καφές
кава

εσπρέσο
еспресо

καπουτσίνο
капучіно

μπανάνα

банан

μήλο

яблуко

πορτοκάλι

апельсин

πεπόνι

кавун

λεμόνι

лимон

καρότο

морква

σκόρδο

часник

μπαμπού

бамбук

κρεμμύδι

цибуля

μανιτάρι

гриб

ξηροί καρποί

горішки

νουντλς

локшина

μακαρόνια

спагеті

ρύζι

рис

σαλάτα

салат

πατατάκια

картопля фрі

τηγανητές πατάτες

смажена картопля

πίτσα

піца

χάμπουργκερ

гамбургер

σάντουιτς

бутерброд

κοτολέτα

шніцель

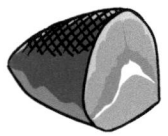

ζαμπόν

шинка

σαλάμι

салямі

λουκάνικο

ковбаса

κοτόπουλο

курка

ψητό

печеня

ψάρι

риба

χυλός βρώμης

βівсяні пластівці

μούσλι

мюслі

κορν φλέικς

кукурудзяні пластівці

αλεύρι

борошно

κρουασάν

круасан

ψωμάκι

булочка

ψωμί

хліб

τοστ

тостовий хліб

μπισκότα

печиво

βούτυρο

масло

τυρόπηγμα

сир

κέικ

пиріг

αυγό

яйце

τηγανητό αυγό

яєчня

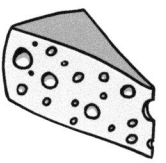

τυρί

сир

παγωτό

μορozиво

ζάχαρη

цукор

μέλι

мед

μαρμελάδα

мармелад

άλλειμμα σοκολάτας

нуга-крем

κάρυ

карі

αγρόκτημα

ферма

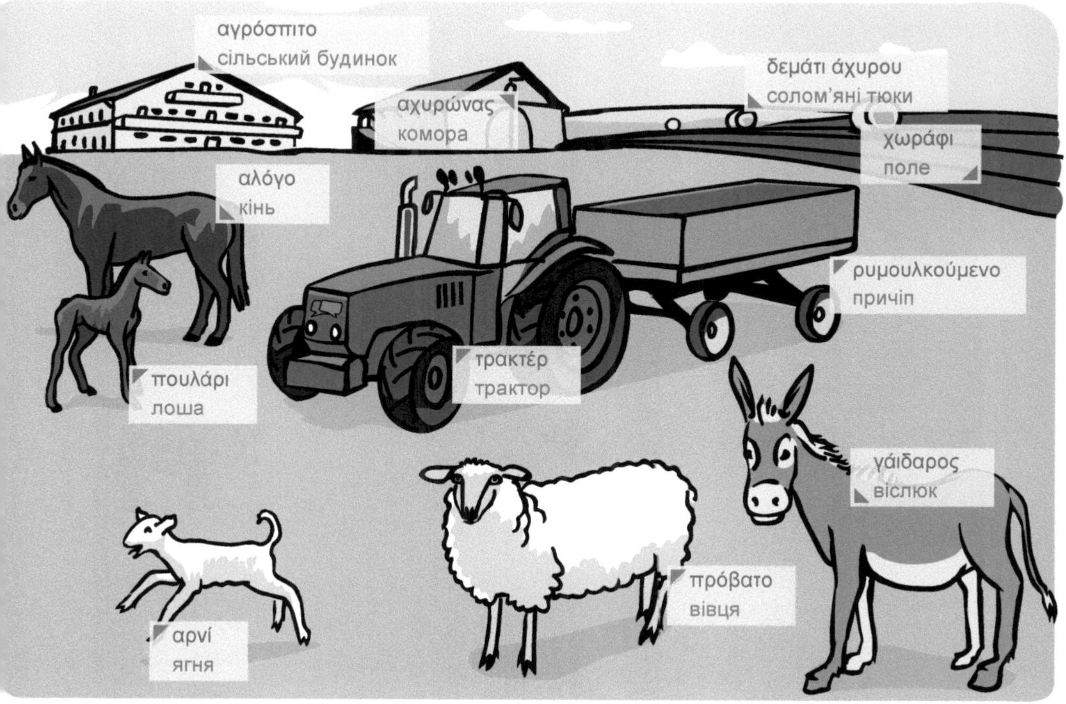
αγρόσπιτο
сільський будинок
δεμάτι άχυρου
солом'яні тюки
αχυρώνας
комора
χωράφι
поле
αλόγο
кінь
ρυμουλκούμενο
причіп
πουλάρι
лоша
τρακτέρ
трактор
γάιδαρος
віслюк
πρόβατο
вівця
αρνί
ягня

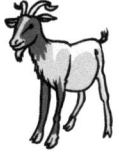

κατσίκα

коза

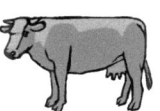

αγελάδα

корова

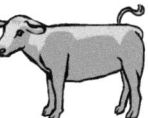

μοσχαράκι

теля

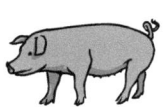

γουρούνι

свиня

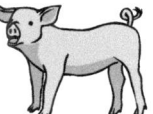

γουρουνάκι

порося

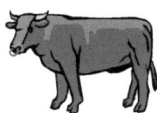

ταύρος

бик

χήνα

гусак

πάπια

качка

κοτοπουλάκι

курча

κότα

курка

κόκορας

півень

αρουραίος

щур

γάτα

кіт

ποντίκι

миша

βόδι

віл

σκύλος

собака

σπιτάκι σκύλου

собача будка

λάστιχο κήπου

садовий шланг

ποτιστήρι

лійка

θεριστήρι

коса

αλέτρι

плуг

δρεπάνι

серп

τσάπα

мотика

δίκρανο

вила

τσεκούρι

сокира

χειράμαξα

тачка

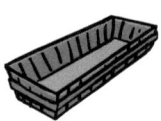

ταΐστρα

корито

δοχείο γάλακτος

бідон молока

σάκος

мішок

φράχτης

паркан

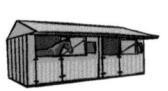

στάβλος

хлів

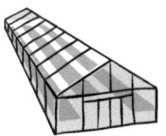

θερμοκήπιο

теплиця

έδαφος

ґрунт

σπόρος

насіння

λίπασμα

добриво

θεριζοαλωνιστική μηχανή

комбайн

αγρόκτημα - ферма

θερίζω

πожинати

συγκομιδή

урожай

γιαμς

корінь ямсу

σιτάρι

пшениця

σόγια

соя

πατάτα

картопля

καλαμπόκι

кукурудза

κράμβη

ріпак

οπωροφόρο δέντρο

плодове дерево

μανιόκα

маніок

δημητριακά

злаки

σπίτι

дім

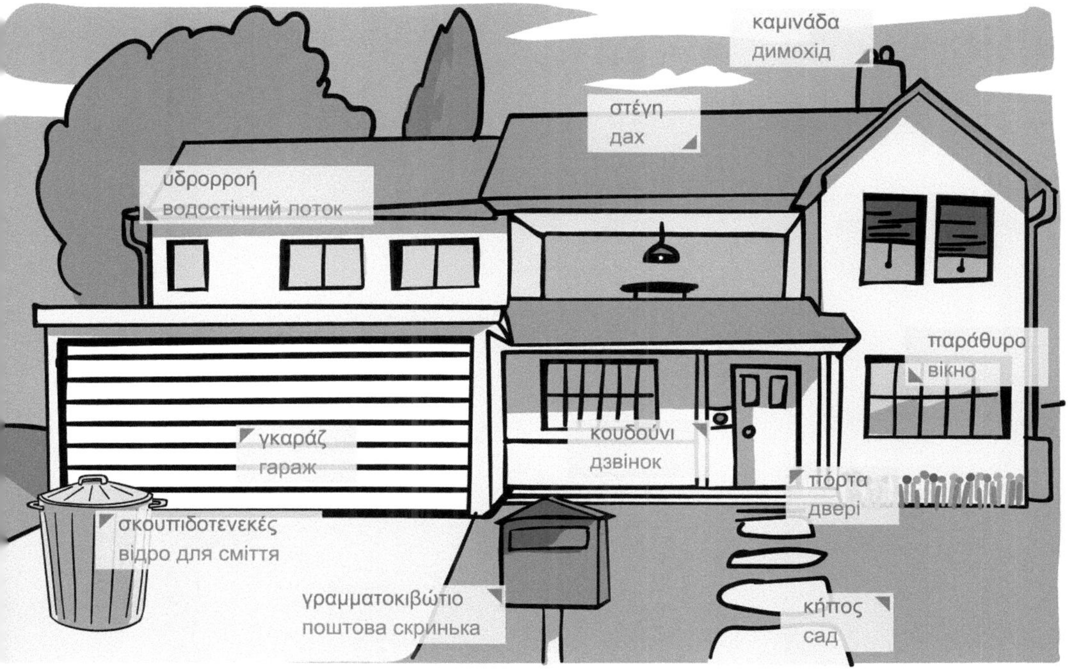
καμινάδα
димохід
στέγη
дах
υδρορροή
водостічний лоток
παράθυρο
вікно
γκαράζ
гараж
κουδούνι
дзвінок
πόρτα
двері
σκουπιδοτενεκές
відро для сміття
γραμματοκιβώτιο
поштова скринька
κήπος
сад

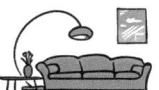

σαλόνι

вітальня

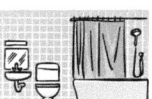

μπάνιο

ванна кімната

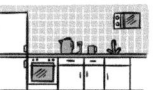

κουζίνα

кухня

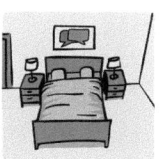

υπνοδωμάτιο

спальня

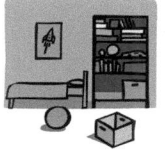

παιδικό δωμάτιο

дитяча кімната

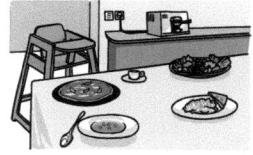

τραπεζαρία

їдальня

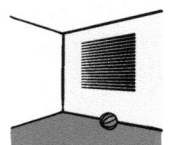

πάτωμα

підлога

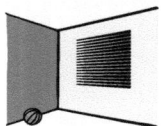

τοίχος

стіна

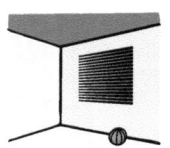

οροφή

стеля

κελάρι

підвал

σάουνα

сауна

μπαλκόνι

балкон

βεράντα

тераса

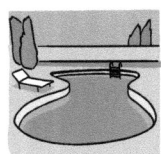

πισίνα

басейн

μηχανή του γκαζόν

косарка

σεντόνι

простирало

κάλυμμα κρεβατιού

ковдра

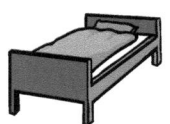

κρεβάτι

ліжко

σκούπα

мітла

κουβάς

відро

διακόπτης

перемикач

σπίτι - дім

σαλόνι

вітальня

ταπετσαρία
шпалери
φωτογραφία
малюнок
λάμπα
лампа
ράφι
поличка
ντουλάπι
шафа
τηλεόραση
телевізор
τζάκι
камін
λουλούδι
квітка
μαξιλάρι
подушка
καναπές
диван
βάζο
ваза
τηλεκοντρόλ
пульт

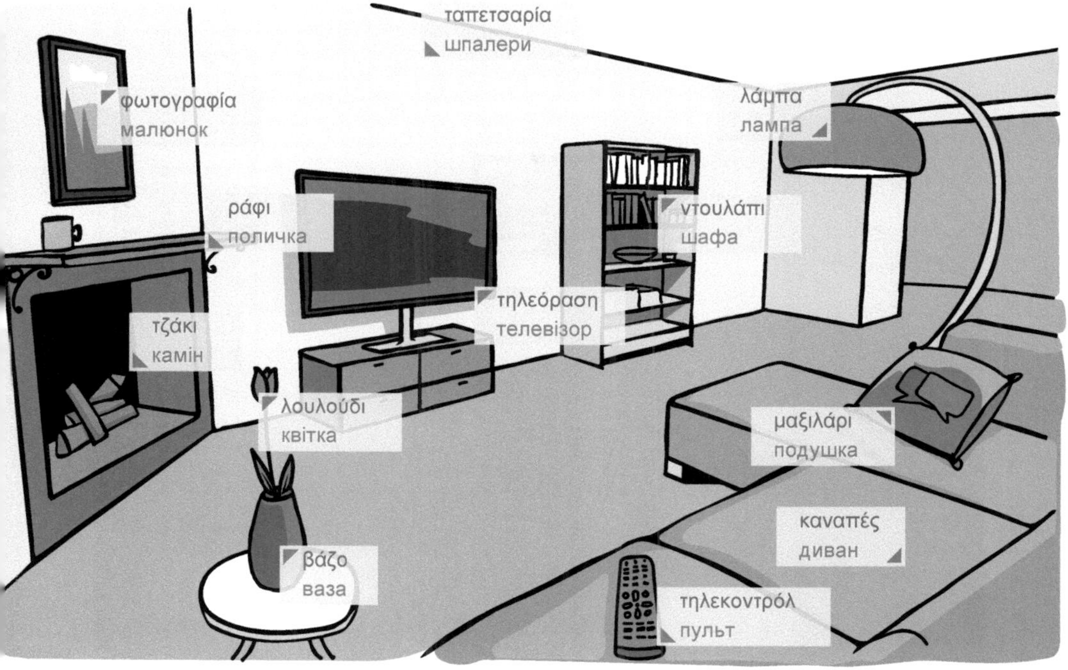

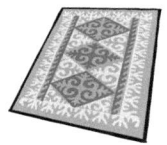

χαλί

килим

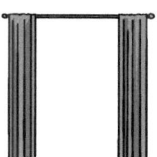

κουρτίνα

завіса

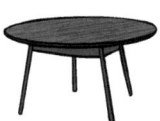

τραπέζι

стіл

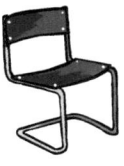

καρέκλα

стілець

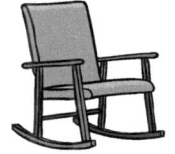

κουνιστή πολυθρόνα

крісло-гойдалка

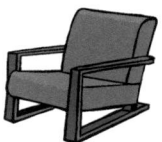

πολυθρόνα

крісло

βιβλίο

книга

κουβέρτα

ковдра

διακόσμηση

прикраса

καυσόξυλα

дрова

ταινία

фільм

στερεοφωνικό σύστημα

стереосистема

κλειδί

ключ

εφημερίδα

газета

πίνακας ζωγραφικής

картина

αφίσα

плакат

ραδιόφωνο

радіо

σημειωματάριο

блокнот

ηλεκτρική σκούπα

пилосос

κάκτος

кактус

κερί

свічка

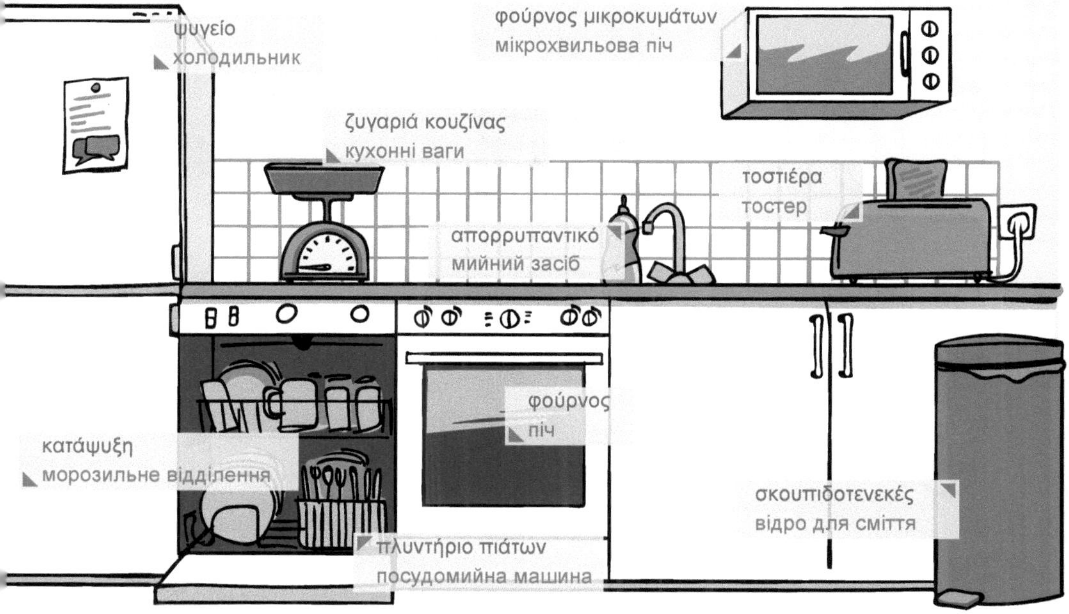

φούρνος μικροκυμάτων
мікрохвильова піч

ψυγείο
холодильник

ζυγαριά κουζίνας
кухонні ваги

τοστιέρα
тостер

απορρυπαντικό
мийний засіб

φούρνος
піч

κατάψυξη
морозильне відділення

σκουπιδοτενεκές
відро для сміття

πλυντήριο πιάτων
посудомийна машина

κουζίνα
плита

κατσαρόλα
горщик

μαντεμένια κατσαρόλα
чавунний горщик

γουόκ/καντάι
вок / кадай

τηγάνι
сковорода

βραστήρας
чайник

ατμομάγειρας

παροварка

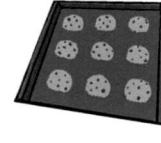

ταψί

лист

πιατικά

посуд

κούπα

кухоль

μπολ

чаша

ξυλάκια

палички для їжі

κουτάλα

черпак

σπάτουλα

лопатка

ανακατεύω

вінчик для збивання

σουρωτήρι

сито

σουρωτηράκι

сито

τρίφτης

терка

γουδί

ступка

ψησταριά

барбекю

ανοιχτή φωτιά

багаття

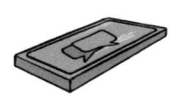

σανίδα κοπής

дошка

πλάστης

качалка

ανοιχτήρι φελλών

штопор

κονσέρβα

конзерва

ανοιχτήρι κονσέρβας

відкривачка

γάντι φούρνου

прихватки

νεροχύτης

раковина

βούρτσα

щітка

σφουγγάρι

губка

μπλέντερ

міксер

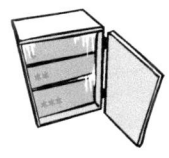

καταψύκτης

морозильна камера

μπιμπερό

дитяча пляшка

βρύση

кран

μπάνιο
ванна кімната

θέρμανση
опалення
πετσέτα
рушник
ντους
душ
κουρτίνα ντους
душова завіса
αφρόλουτρο
піниста ванна
μπανιέρα
ванна
ποτήρι
склянка
πλυντήριο ρούχων
пральна машина
βρύση
кран
πλακάκια
плитка
γιογιό
горшок
νεροχύτης
раковина

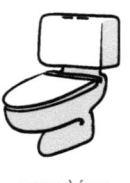

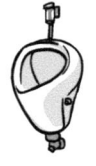

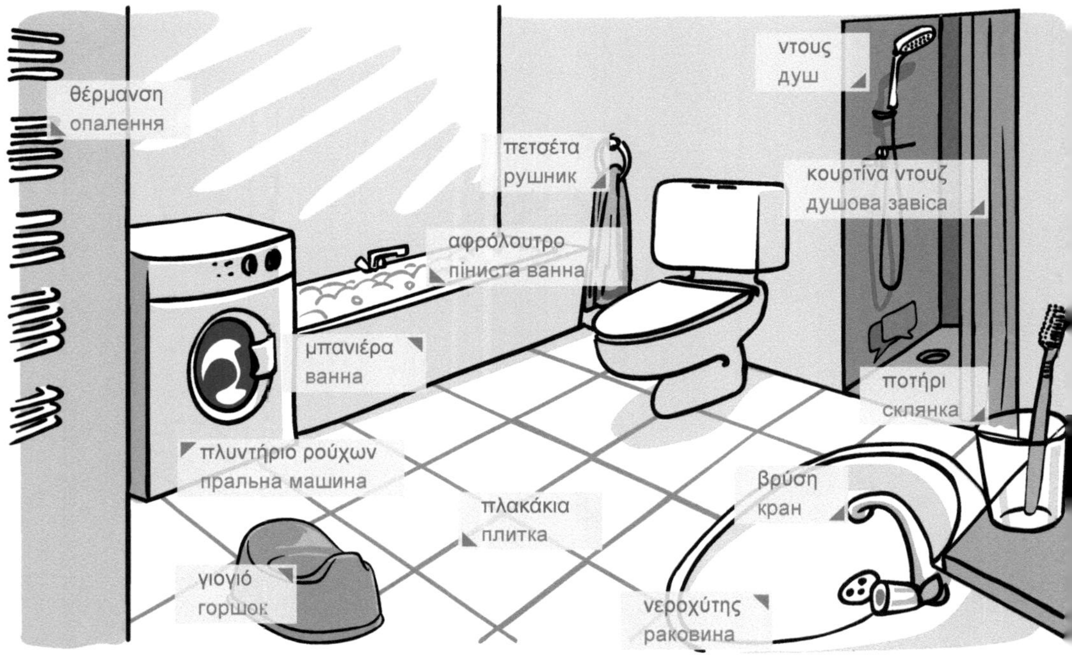

τουαλέτα

туалет

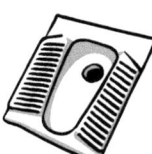

τούρκικη τουαλέτα

підлоговий туалет

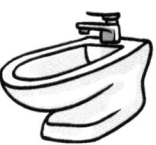

μπιντές

біде

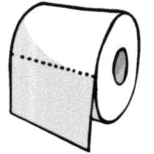

ουρητήριο

пісуар

χαρτί υγείας

туалетний папір

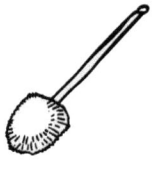

πιγκάλ

щітка для туалету

οδοντόβουρτσα

зубна щітка

οδοντόκρεμα

зубна паста

οδοντικό νήμα

нитка для чищення зубів

πλένω

мити

τηλέφωνο ντους

ручний душ

ντουσιέρα

інтимний душ

λεκάνη

таз

βούρτσα πλάτης

щітка для спини

σαπούνι

мило

αφρόλουτρο

гель для душу

σαμπουάν

шампунь

φανέλα

мочалка

σιφόνι

водостік

κρέμα

крем

αποσμητικό

дезодорант

καθρέφτης

дзеркало

καθρέφτης χειρός

косметичне дзеркало

ξυραφάκι

бритва

αφρός ξυρίσματος

піна для гоління

αφτερσέιβ

лосьйон після гоління

χτένα

гребінь

βούρτσα

щітка

σεσουάρ

фен

λακ

лак для волосся

μακιγιάζ

косметика

κραγιόν

губна помада

βερνίκι νυχιών

лак для нігтів

βαμβάκι

вата

ψαλίδι νυχιών

ножиці для нігтів

άρωμα

парфум

νεσεσέρ

κосметичка

σκαμπό

табурет

ζυγαριά

ваги

μπουρνούζι

халат

ελαστικά γάντια

гумові рукавички

ταμπόν

тампон

πετσέτα υγιεινής

гігієнічні прокладки

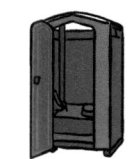

χημική τουαλέτα

біотуалет

παιδικό δωμάτιο

дитяча кімната

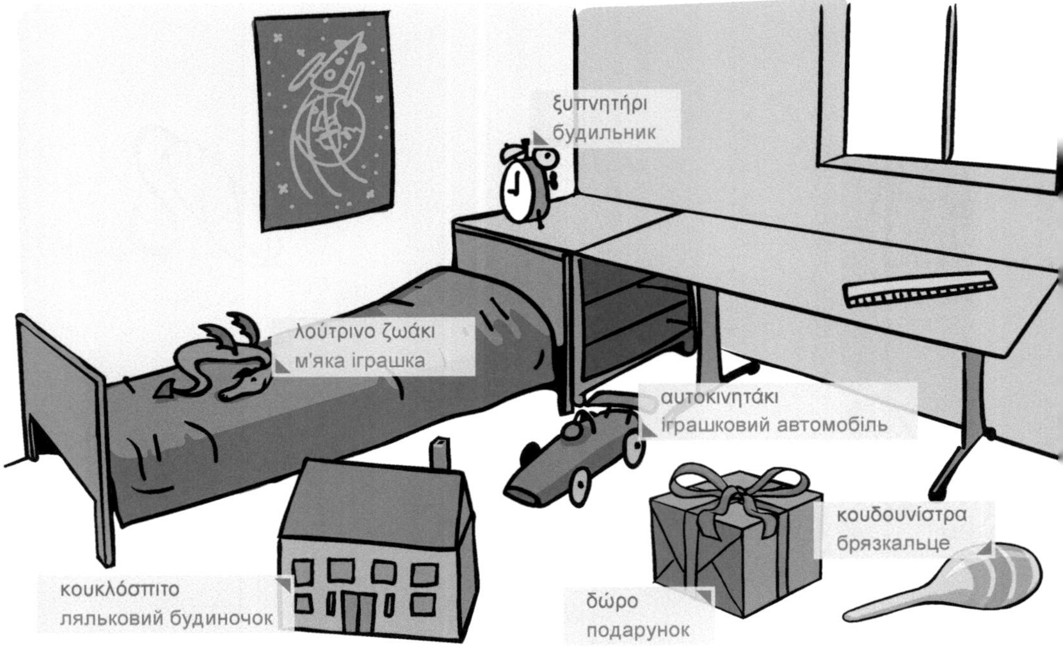

ξυπνητήρι
будильник
λούτρινο ζωάκι
м'яка іграшка
αυτοκινητάκι
іграшковий автомобіль
κουδουνίστρα
брязкальце
κουκλόσπιτο
ляльковий будиночок
δώρο
подарунок

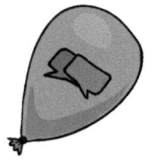

μπαλόνι

повітряна кулька

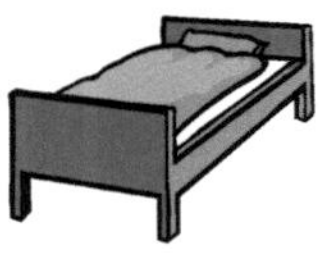

κρεβάτι

ліжко

καροτσάκι

дитячий візок

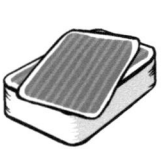

τράπουλα

картярська гра

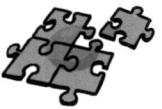

παζλ

пазл

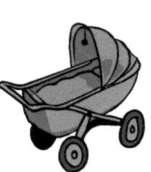

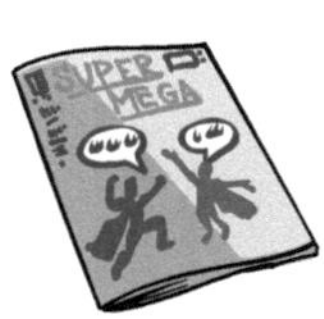

κόμικς

комікс

τουβλάκια lego

лего цеглинки

τουβλάκια κατασκευών

блоки

φιγούρα δράσης

іграшкова фігурка

βρεφικό φορμάκι

повзунки

φρίσμπι

фризбі

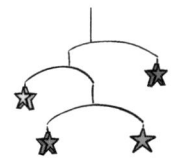

μόμπιλο

мобіле

επιτραπέζιο παιχνίδι

настільна гра

ζάρια

кубик

σετ τρενάκι

модель залізнична станція

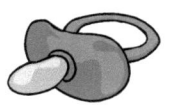

πιπίλα

соска

πάρτι

вечірка

εικονογραφημένο βιβλίο

книжка з картинками

μπάλα

м'яч

κούκλα

лялька

παίζω

грати

σκάμμα με άμμο

пісочниця

κούνια

гойдалка

παιχνίδια

іграшка

κονσόλα βιντεοπαιχνιδιών

гральна консоль

τρίκυκλο

триколісний велосипед

αρκουδάκι

плюшевий мішка

ντουλάπα

шафа

ρούχα

одяг

κάλτσες

шкарпетки

καλτσοδέτες

панчохи

καλσόν

колготки

κασκόλ
шарф

ζώνη
ремінь

ομπρέλα
парасоля

μπλουζάκι
футболка

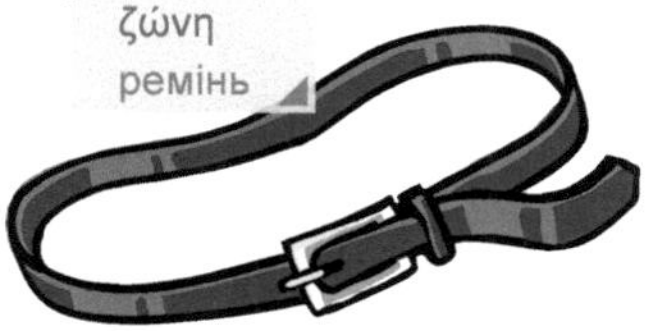

μπότες
чоботи

αθλητικά παπούτσια
кросівки

παντόφλες
домашнє взуття

σανδάλια
сандалі

παπούτσια
взуття

γαλότσες
гумові чоботи

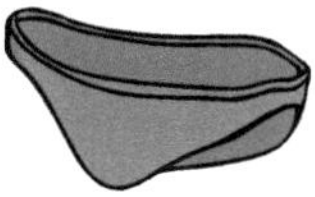

εσώρουχο
труси

σουτιέν
бюстгальтер

φανέλα
нижня сорочка

σώμα

боді

παντελόνι

штани

τζιν παντελόνι

джинси

φούστα

спідниця

μπλούζα

блузка

πουκάμισο

сорочка

πουλόβερ

пуловер

πουλόβερ

светр

σακάκι

піджак

μπουφάν

куртка

παλτό

пальто

αδιάβροχο πανωφόρι

дощовик

κοστούμι

костюм

φόρεμα

сукня

νυφικό

весільна сукня

κοστούμι

костюм

νυχτικό

нічна сорочка

πιτζάμες

піжама

σάρι

сарі

μαντήλι

головна хустка

τουρμπάνι

чалма

μπούρκα

бурка

καφτάνι

кафтан

μουσουλμανικό ένδυμα

абая

ολόσωμο μαγιό

купальник

ανδρικό μαγιό

плавки

σορτς

шорти

αθλητική φόρμα

тренувальний костюм

ποδιά

фартух

γάντια

рукавички

κουμπί

гудзик

γυαλιά

окуляри

βραχιόλι

браслет

περιδέραιο

ланцюг

δαχτυλίδι

кільце

σκουλαρίκι

сережка

καπέλο

шапка

κρεμάστρα

плічка

καπέλο

капелюх

γραβάτα

краватка

φερμουάρ

застібка-блискавка

κράνος

шолом

τιράντες

підтяжки

μαθητική στολή

шкільна форма

στολή

уніформа

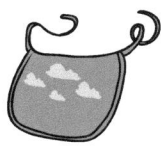

σαλιάρα

нагрудник

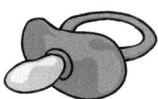

πιπίλα

соска

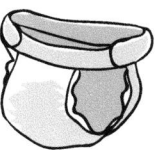

πάνα

підгузок

γραφείο
офіс

σέρβερ
сервер
αρχειοθήκη
шаф для документів
εκτυπωτής
принтер
χαρτί
папір
οθόνη
монітор
ποντίκι
миша
γραφείο
письмовий стіл
ντοσιέ
папка
πληκτρολόνιο
синтезатор
καλάθι αχρήστων
кошик для паперу
υπολογιστής
комп'ютер
καρέκλα
стілець

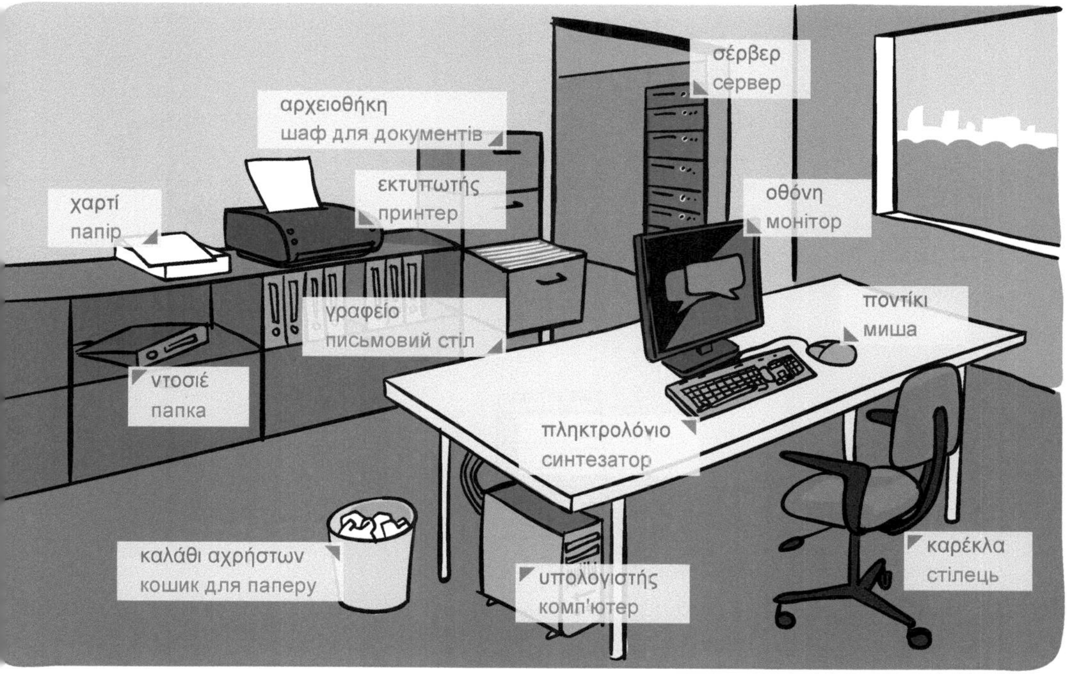

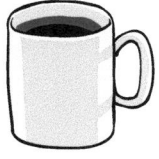

κούπα του καφέ

кавовий кухоль

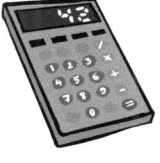

κομπιουτεράκι

калькулятор

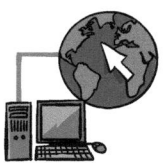

ίντερνετ

інтернет

λάπτοπ
ноутбук

γράμμα
лист

μήνυμα
повідомлення

κινητό
мобільний телефон

δίκτυο
мережа

φωτοτυπικό μηχάνημα
копіювальний пристрій

λογισμικό
програмне забезпечення

τηλέφωνο
телефон

πρίζα
розетка

συσκευή φαξ
факс

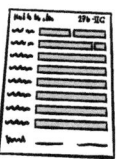

έντυπο
бланк

έγγραφο
документ

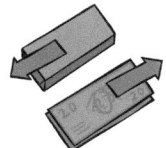

αγοράζω

купувати

πληρώνω

платити

συναλλάσσομαι

торгувати

χρήματα

гроші

USD

δολάριο

долар

EUR

ευρώ

євро

JPY

γιεν

ієна

RUB

ρούβλι

рубль

CHF

ελβετικό φράγκο

франк

CNY

ρενμίνμπι γιουάν

юанів женьміньбі

INR

ρουπία

рупія

ATM (αυτόματη ταμειακή μηχανή)

банкомат

ανταλλακτήρια συναλλάγματος

обмінний пункт

χρυσός

золото

ασήμι

срібло

πετρέλαιο

нафта

ενέργεια

енергія

τιμή

ціна

συμβόλαιο

контракт

φόρος

податок

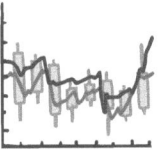

μετοχή

акція

δουλεύω

працювати

υπάλληλος

працівник

εργοδότης

роботодавець

εργοστάσιο

фабрика

κατάστημα

магазин

επαγγέλματα

професії

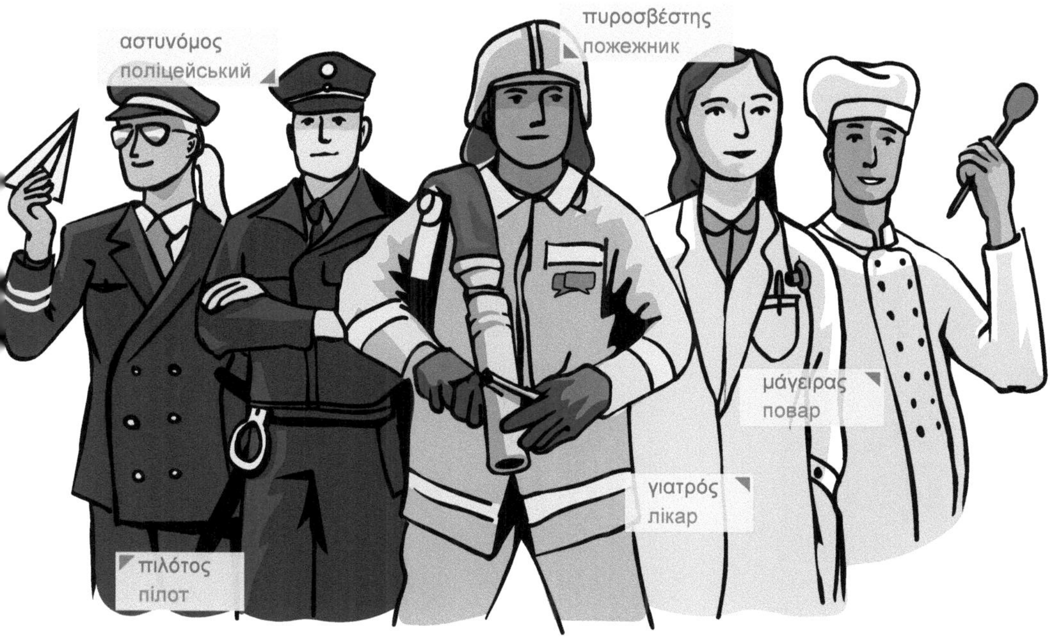
αστυνόμος
поліцейський
πυροσβέστης
пожежник
μάγειρας
повар
γιατρός
лікар
πιλότος
пілот

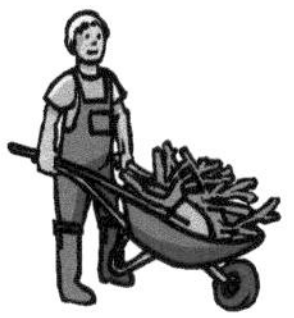

κηπουρός

садівник

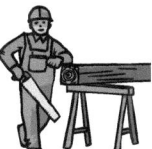

ξυλουργός

столяр

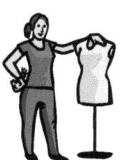

μοδίστρα

швачка

δικαστής

суддя

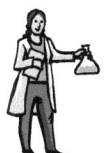

χημικός

хімік

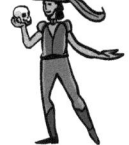

ηθοποιός

актор

οδηγός λεωφορείου

водій автобуса

ταξιτζής

таксист

ψαράς

рибалка

καθαρίστρια

прибиральниця

τεχνίτης στεγών

покрівельник

σερβιτόρος

офіціант

κυνηγός

мисливець

ζωγράφος

художник

αρτοποιός

пекар

ηλεκτρολόγος

електрик

οικοδόμος

будівельник

μηχανολόγος

інженер

κρεοπώλης

забійник

υδραυλικός

бляхар

ταχυδρόμος

листоноша

στρατιώτης

солдат

αρχιτέκτονας

архітектор

ταμίας

касир

ανθοπώλης

флорист

κομμωτής

перукар

ελεγκτής εισιτηρίων

кондуктор

μηχανικός

механік

καπετάνιος

капітан

οδοντίατρος

дантист

επιστήμονας

вчений

ραβίνος

рабин

ιμάμης

імам

μοναχός

монах

ιερέας

пастор

εργαλεία
інструменти

σφυρί
молоток
πένσα
щипці
κατσαβίδι
викрутка
Γαλλικό κλειδί
гайковий ключ
φακός
кишеньковий ліх

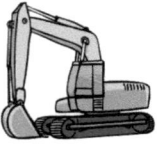

εκσκαφέας

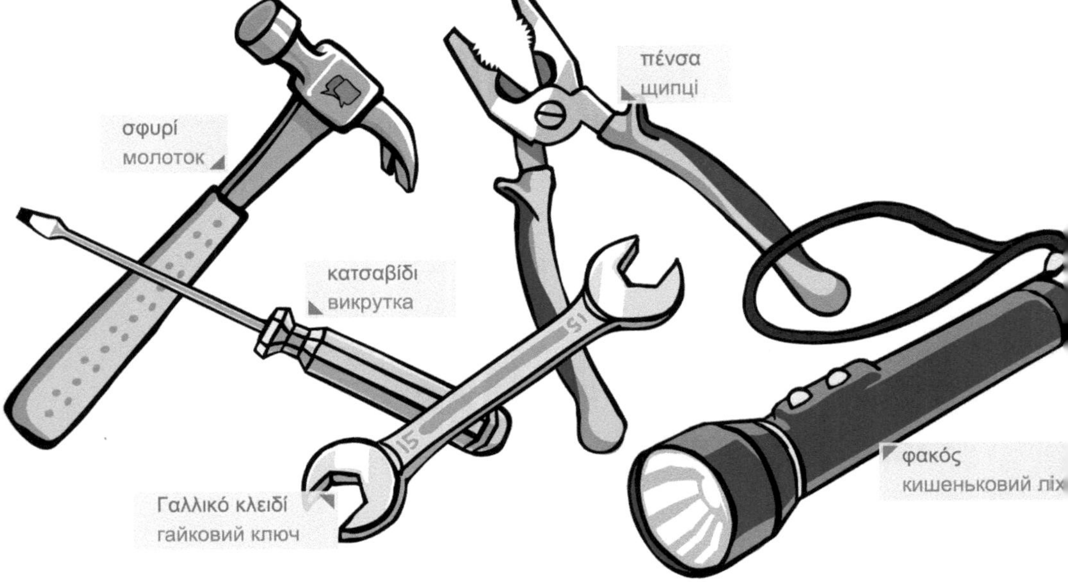

екскаватор

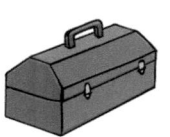

εργαλειοθήκη

ящик для інструментів

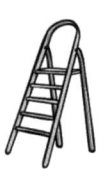

σκάλα

драбина

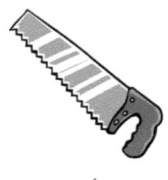

πριόνι

пилка

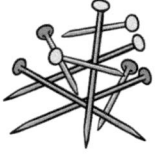

καρφιά

цвяхи

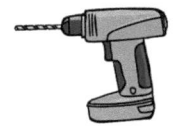

τρυπάνι

свердло

επισκευάζω

ремонтувати

φτυάρι

лопата

Να πάρει!

лайно!

φαράσι

совок

δοχείο χρωμάτων

відро з фарбою

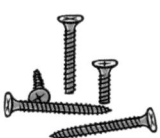

βίδες

гвинти

μουσικά όργανα
музичні інструменти

ντραμς
ударна установка

μεγάφωνο
динамік

κοντραμπάσο
контрабас

τρομπέτα
труба

κιθάρα
гітара

πιάνο

φορτепіано

βιολί

скрипка

μπάσο

бас

τύμπανα

литаври

τύμπανο

барабан

πλήκτρα

клавіатура

σαξόφωνο

саксофон

φλάουτο

флейта

μικρόφωνο

мікрофон

ζωολογικός κήπος
зоопарк

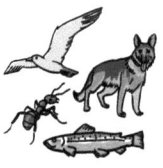

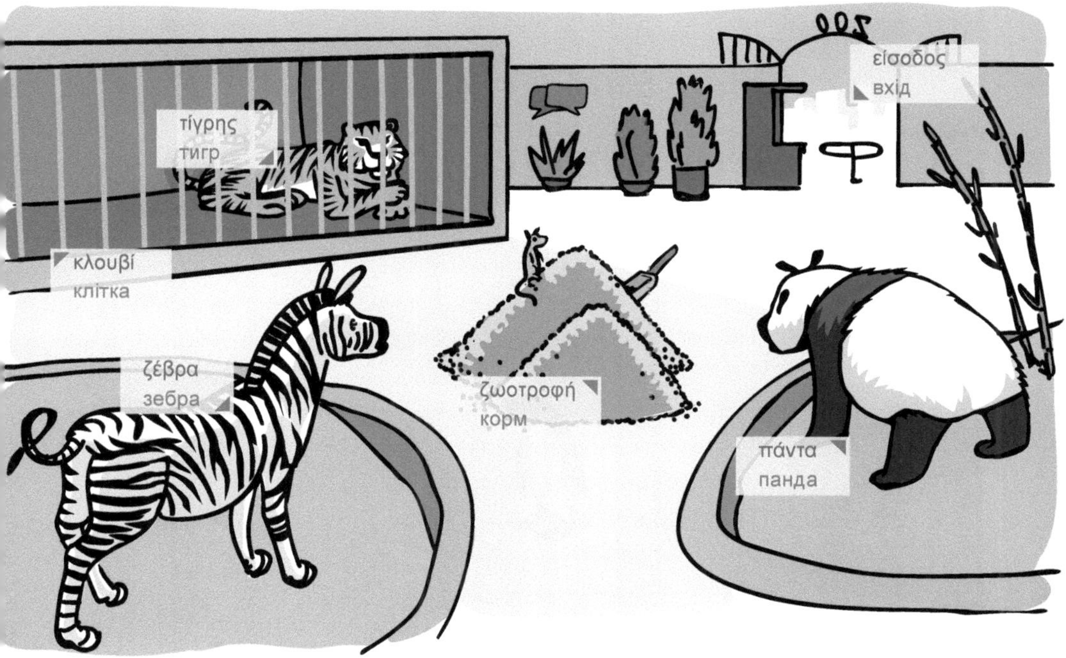

είσοδος
вхід
τίγρης
тигр
κλουβί
клітка
ζέβρα
зебра
ζωοτροφή
корм
πάντα
панда

ζώα

тварини

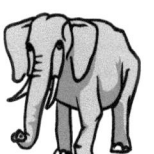

ελέφαντας

слон

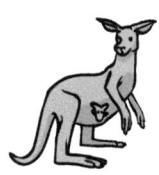

καγκουρό

кенгуру

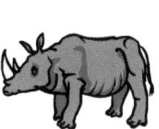

ρινόκερος

носоріг

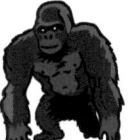

γορίλας

горила

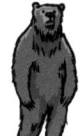

αρκούδα

ведмідь

καμήλα

верблюд

στρουθοκάμηλος

страус

λιοντάρι

лев

πίθηκος

мавпа

φλαμίνγκο

фламінго

παπαγάλος

папуга

πολική αρκούδα

білий ведмідь

πιγκουίνος

пінгвін

καρχαρίας

акула

παγώνι

павич

φίδι

змія

κροκόδειλος

крокодил

φύλακας ζωολογικού κήπου

працівник зоопарку

φώκια

тюлень

τζάγκουαρ

ягуар

πόνυ

поні

λεοπάρδαλη

леопард

ιπποπόταμος

гіпопотам

καμηλοπάρδαλη

жираф

αετός

орел

αγριογούρουνο

кабан

ψάρι

риба

χελώνα

черепаха

θαλάσσιος ίππος

морж

αλεπού

лисиця

γαζέλα

газель

αθλήματα
спорт

Αμερικάνικο ποδόσφαιρο
американський футбол

ποδηλασία
їзда на велосипеді

αντισφαίριση
теніс

μπάσκετ
баскетбол

κολύμβηση
плавання

χόκεϋ επί πάγου
хокей

πυγχαμία
бокс

ποδόσφαιρο
футбол

μπάντμιντον
бадмінтон

στίβος
легка атлетика

χάντμπολ
гандбол

σκι
лижні перегони

πόλο
поло

δραστηριότητες

дії

πηδάω
стрибати
αγκαλιάζω
обіймати
γελάω
сміятися
περπατάω
йти
τραγουδάω
співати
ονειρεύομαι
мріяти
προσεύχομαι
молитися
φιλάω
цілувати

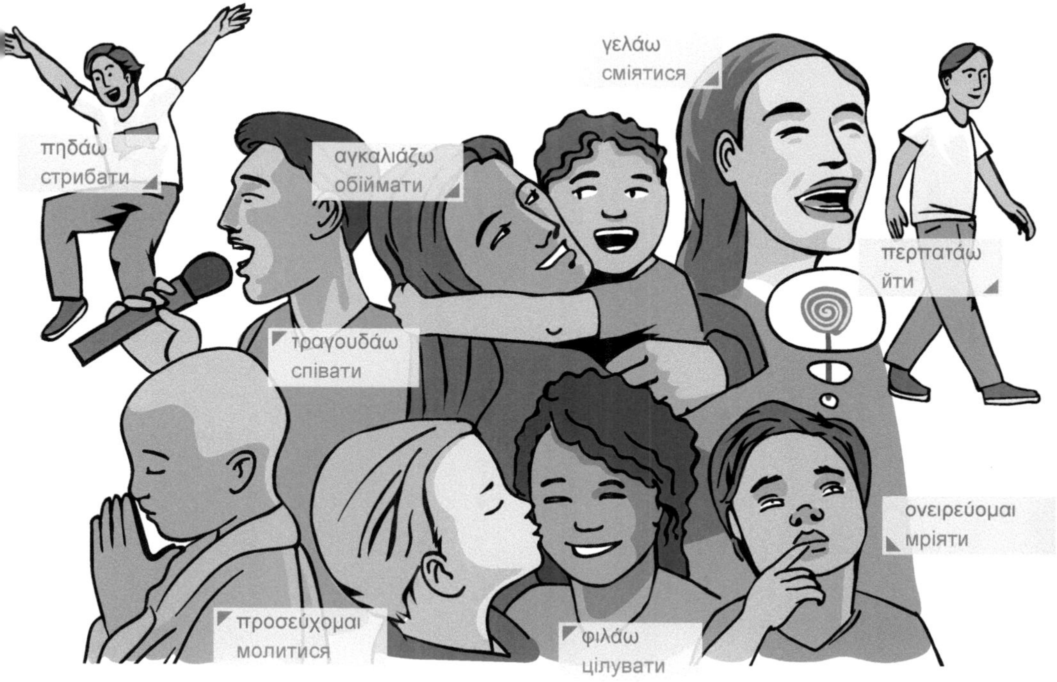

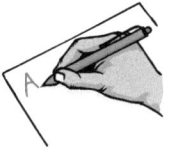

γράφω

писати

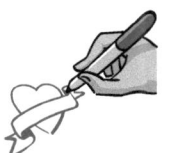

σχεδιάζω

малювати

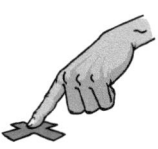

δείχνω

показувати

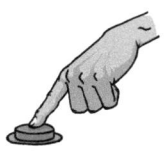

πιέζω

тиснути

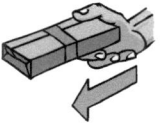

δίνω

давати

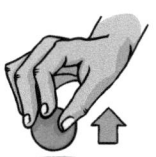

παίρνω

брати

έχω

мати

κάνω

робити

είμαι

бути

στέκομαι

стояти

τρέχω

бігати

τραβάω

тягнути

ρίχνω

кидати

πέφτω

падати

ξαπλώνω

лежати

περιμένω

очікувати

κουβαλώ

носити

κάθομαι

сидіти

φοράω

одягати

κοιμάμαι

спати

ξυπνάω

просипатися

κοιτάω

дивитися

κλαίω

плакати

χαϊδεύω

гладити

χτενίζω

розчісувати

μιλάω

розмовляти

καταλαβαίνω

розуміти

ρωτάω

питати

ακούω

слухати

πίνω

пити

τρώω

їсти

συγυρίζω

прибирати

αγαπάω

любити

μαγειρεύω

варити

οδηγώ

їхати

πετάω

літати

δραστηριότητες - δίї

κάνω ιστιοπλοΐα

йти під вітрилом

υπολογίζω

рахувати

διαβάζω

читати

μαθαίνω

вчитися

δουλεύω

працювати

παντρεύομαι

одружуватися

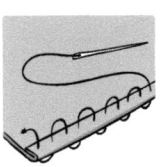

ράβω

шити

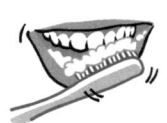

βουρτσίζω τα δόντια

чистити зуби

σκοτώνω

убивати

καπνίζω

курити

στέλνω

посилати

οικογένεια
сім'я

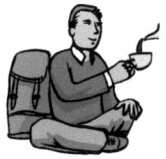

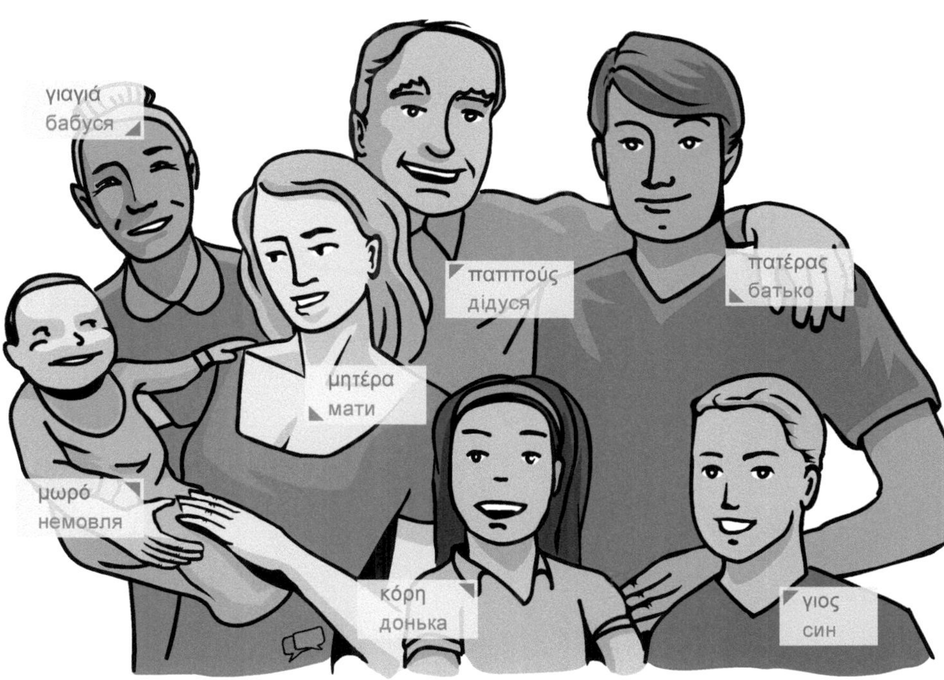
γιαγιά
бабуся
παππούς
дідуся
πατέρας
батько
μητέρα
мати
μωρό
немовля
κόρη
донька
γιος
син

καλεσμένος

гість

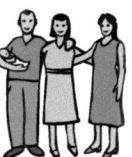

θεία

тітка

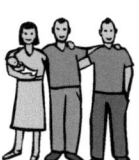

θείος

дядько

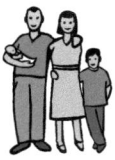

αδελφός

брат

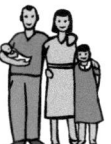

αδελφή

сестра

σώμα

тіло

μέτωπο
чоло
μάτι
око
ώμος
плече
δάχτυλο
палець
πρόσωπο
обличчя
πιγούνι
підборіддя
χέρι
кисть
πόδι
нога
στήθος
груди
βραχίονας
рука

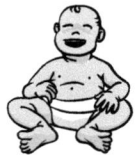

μωρό

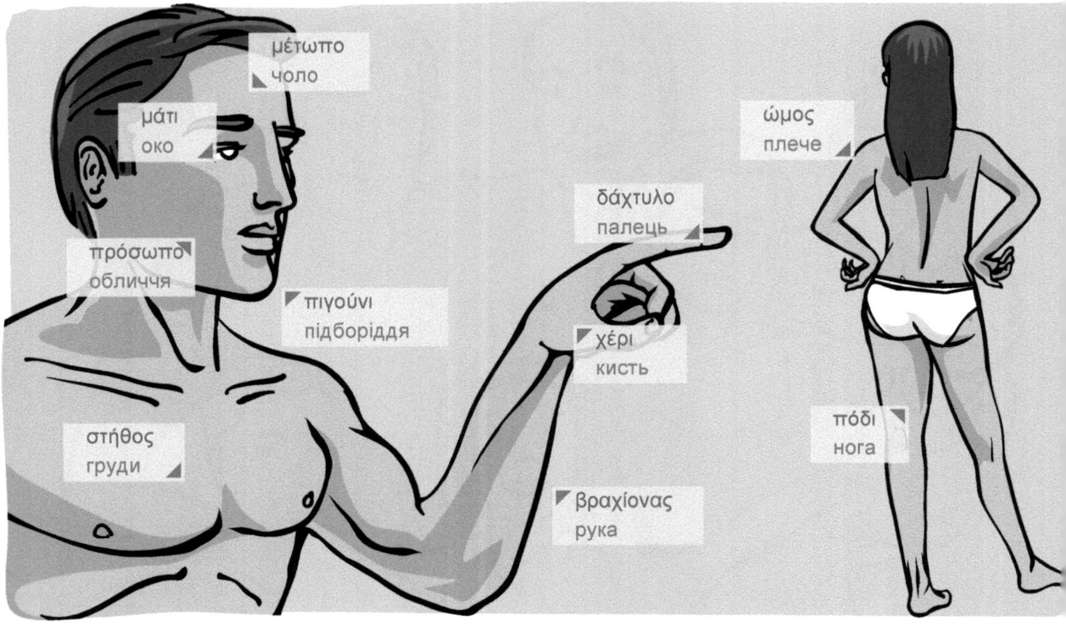

немовля

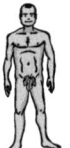

άνδρας

чоловік

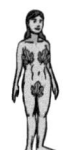

γυναίκα

жінка

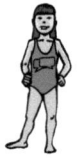

κορίτσι

дівчина

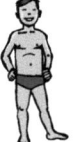

αγόρι

хлопчик

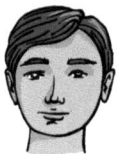

κεφάλι

голова

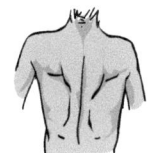

πλάτη

спина

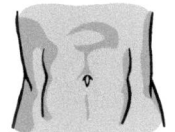

κοιλιά

живіт

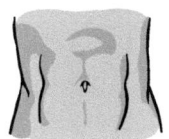

αφαλός

пуп

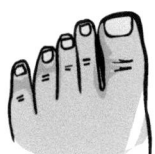

δάχτυλο ποδιού

палець ноги

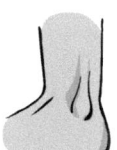

φτέρνα

п'ята

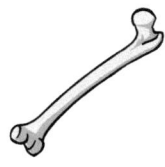

κόκκαλο

кістка

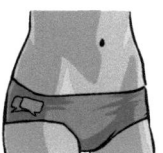

γοφός

стегно

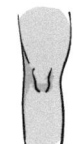

γόνατο

коліно

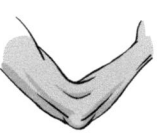

αγκώνας

лікоть

μύτη

ніс

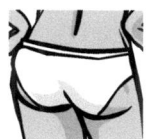

γλουτός

сідниці

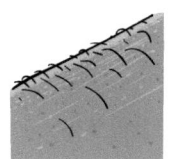

δέρμα

шкіра

μάγουλο

щока

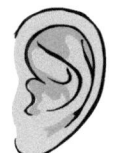

αυτί

вухо

χείλος

губа

σώμα - тіло

στόμα

рот

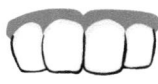

δόντι

зуб

γλῶσσα

язик

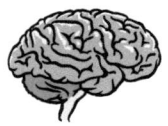

εγκέφαλος

мозок

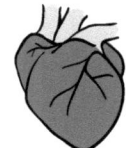

καρδιά

серце

μυς

м'яз

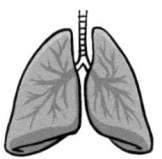

πνεύμονας

легені

συκώτι

печінка

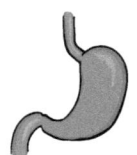

στομάχι

шлунок

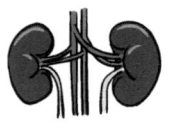

νεφρά

нирки

σεξουαλική επαφή

статевий акт

προφυλακτικό

презерватив

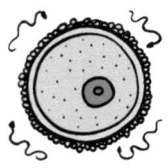

ωάριο

яйцеклітина

σπέρμα

сперма

εγκυμοσύνη

вагітність

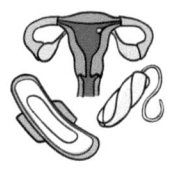

περίοδος

менструація

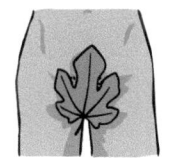

γυναικείος κόλπος

вагіна

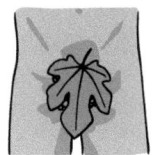

πέος

пеніс

φρύδι

брова

μαλλιά

волосся

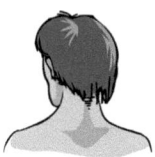

λαιμός

шия

σώμα - тіло

νοσοκομείο

лікарня

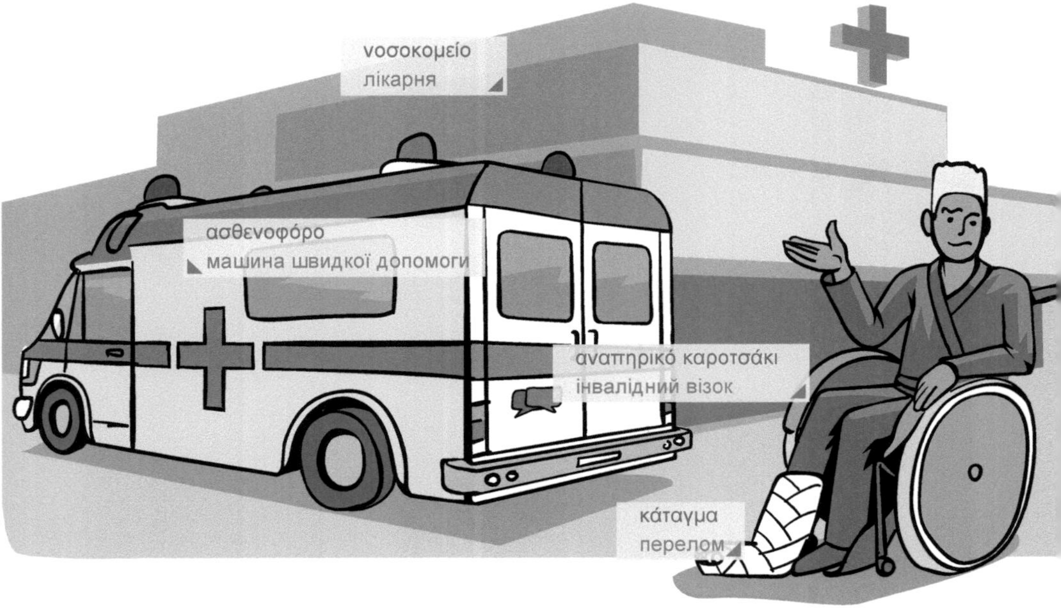

νοσοκομείο
лікарня
ασθενοφόρο
машина швидкої допомоги
αναπηρικό καροτσάκι
інвалідний візок
κάταγμα
перелом

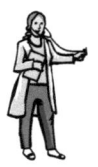

γιατρός

лікар

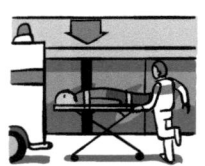

μονάδα εντατικής θεραπείας

відділення швидкої медичної допомоги

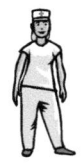

νοσοκόμα

медсестра

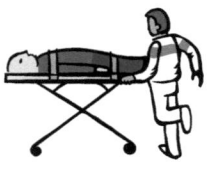

έκτακτη ανάγκη

аварійний випадок

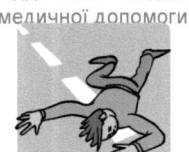

λιπόθυμος

непритомний

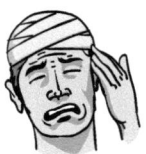

πόνος

біль

τραύμα

травма

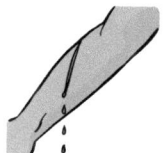

αιμορραγία

кровотеча

έμφραγμα

інфаркт

εγκεφαλικό

інсульт

αλλεργία

алергія

βήχας

кашель

πυρετός

лихоманка

γρίπη

грип

διάρροια

пронос

πονοκέφαλος

головна біль

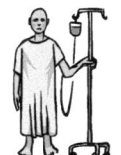

καρκίνος

рак

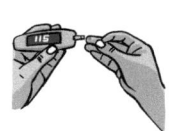

διαβήτης

діабет

χειρουργός

хірург

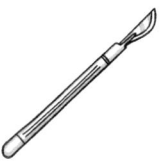

νυστέρι

скальпель

εγχείρηση

операція

αξονική τομογραφία

КТ

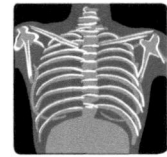

ακτινογραφία

рентген

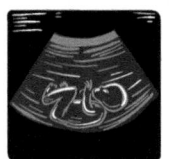

υπέρηχος

ультразвук

μάσκα

маска

ασθένεια

хвороба

αίθουσα αναμονής

зал очікування

πατερίτσα

милиця

χάνσαπλαστ

пластир

επίδεσμος

пов'язка

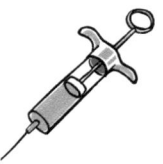

ένεση

ін'єкція

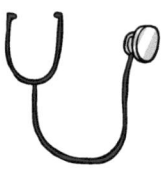

στηθοσκόπιο

стетоскоп

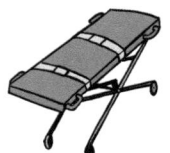

φορείο

ноші

θερμόμετρο

термометр

γέννηση

народження

υπέρβαρο

надмірна вага

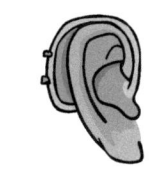

ακουστικό βαρηκοΐας

слуховий апарат

αντισηπτικό

дезінфікуючий засіб

λοίμωξη

інфекція

ιός

вірус

HIV/AIDS

ВІЛ / СНІД

φάρμακο

медицина

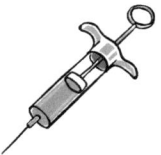

εμβολιασμός

вакцинація

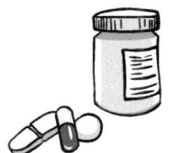

δισκία

таблетки

χάπι

протизаплідна пігулка

κλήση έκτακτης ανάγκης

екстрений виклик

πιεσόμετρο αίματος

тонометр

άρρωστος / υγιής

хворий / здоровий

Βοήθεια!

Допоможіть!

συναγερμός

сигнал тривоги

βιαιοπραγία

напад

επίθεση

атака

κίνδυνος

небезпека

έξοδος κινδύνου

аварійний вихід

Φωτιά!

Вогонь!

πυροσβεστήρας

вогнегасник

ατύχημα

аварія

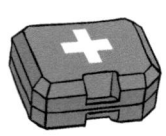

κουτί πρώτων βοηθειών

аптечка

SOS

СОС

αστυνομία

поліція

Ευρώπη

Європа

Βόρεια Αμερική

Північна Америка

Νότια Αμερική

Південна Америка

Αφρική

Африка

Ασία

Азія

Αυστραλία

Австралія

Ατλαντικός Ωκεανός

Атлантика

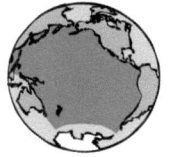

Ειρηνικός Ωκεανός

Тихий океан

Ινδικός Ωκεανός

Індійський океан

Ανταρκτικός Ωκεανός

Антарктичний океан

Αρκτικός Ωκεανός

Північний Льодовитий
океан

Βόρειος Πόλος

Північний полюс

Νότιος Πόλος

Південний полюс

Ανταρκτική

Антарктика

Γη

Земля

γη

суша

θάλασσα

море

νησί

острів

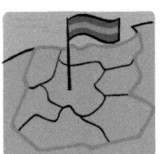

έθνος

нація

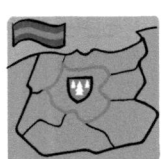

πολιτεία

держава

κανтράν ρολογιού

циферблат

ωροδείκτης

годинникова стрілка

λεπτοδείκτης

хвилинна стрілка

δείκτης δευτερολέπτων

секундна стрілка

Τι ώρα είναι;

Котра година?

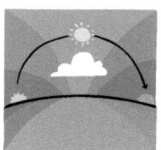

ημέρα

день

χρόνος

час

τώρα

зараз

ψηφιακό ρολόι

цифровий годинник

λεπτό

хвилина

ώρα

година

εβδομάδα
тиждень

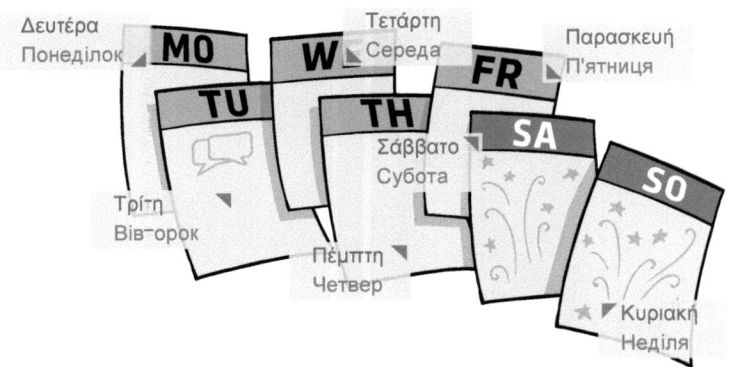

Δευτέρα / Понеділок — MO
Τετάρτη / Середа — W
Παρασκευή / П'ятниця — FR
Τρίτη / Вівторок — TU
Πέμπτη / Четвер — TH
Σάββατο / Субота — SA
Κυριακή / Неділя — SO

χθες
вчора

σήμερα
сьогодні

αύριο
завтра

πρωί
ранок

μεσημέρι
опівдні

βράδυ
вечір

MO	TU	WE	TH	FR	SA	SU
1	2	3	4	5	6	7
8	9	10	11	12	13	14
15	16	17	18	19	20	21
22	23	24	25	26	27	28
29	30	31	1	2	3	4

εργάσιμες ημέρες
робочі дні

MO	TU	WE	TH	FR	SA	SU
1	2	3	4	5	6	7
8	9	10	11	12	13	14
15	16	17	18	19	20	21
22	23	24	25	26	27	28
29	30	31	1	2	3	4

Σαββατοκύριακο
кінець робочого тижня

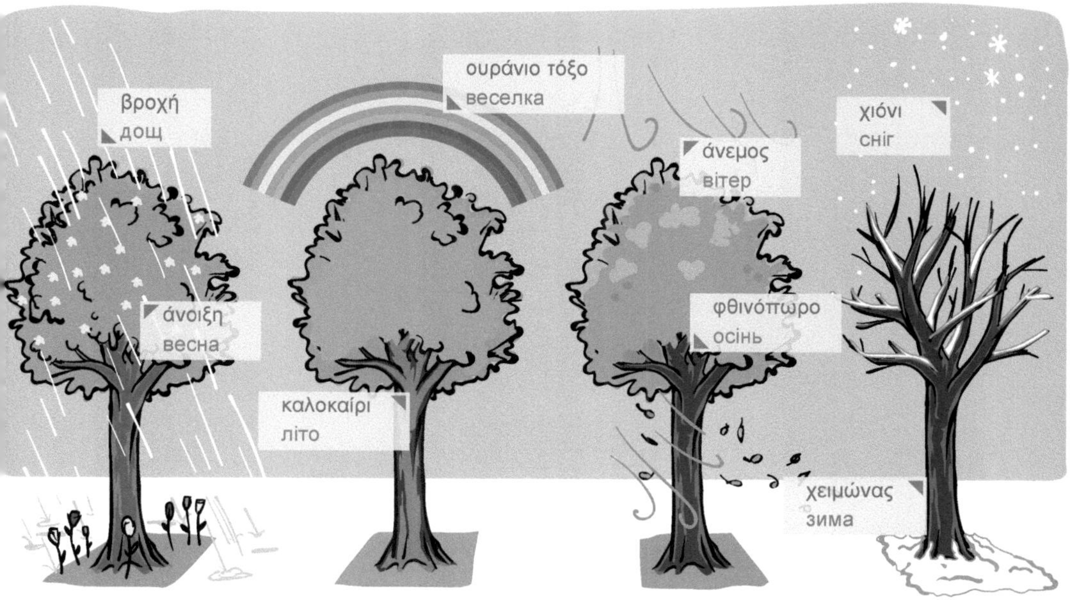

βροχή
дощ
ουράνιο τόξο
веселка
χιόνι
сніг
άνεμος
вітер
άνοιξη
весна
φθινόπωρο
осінь
καλοκαίρι
літо
χειμώνας
зима

4.APRIL 11°
5.APRIL 4°
6.APRIL 13°
7.APRIL 8°
8.APRIL 10°

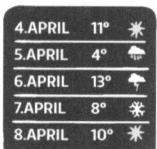

πρόγνωση καιρού

прогноз погоди

F
C
120
90
60
30
0
-30
40
30
20
10
0
-10
-20

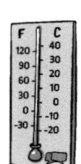

θερμόμετρο

термометр

λιακάδα

сонячне світло

σύννεφο

хмара

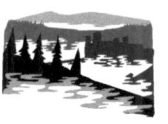

ομίχλη

туман

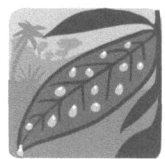

υγρασία

вологість повітря

αστραπή

блискавка

κεραυνός

грім

καταιγίδα

шторм

χαλάζι

град

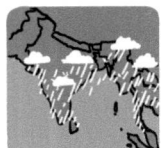

μουσώνας

мусон

πλημμύρα

повінь

πάγος

лід

Ιανουάριος

Січень

Φεβρουάριος

Лютий

Μάρτιος

Березень

Απρίλιος

Квітень

Μάιος

Травень

Ιούνιος

Червень

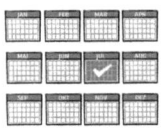

Ιούλιος

Липень

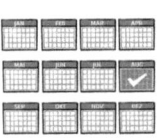

Αύγουστος

Серпень

έτος - рік

Σεπτέμβριος

Вересень

Οκτώβριος

Жовтень

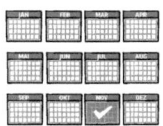

Νοέμβριος

Листопад

Δεκέμβριος

Грудень

σχήματα
форми

κύκλος

круг

τετράγωνο

квадрат

ορθογώνιο
παραλληλόγραμμο
прямокутник

τρίγωνο

трикутник

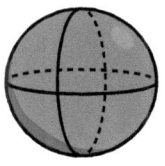

σφαίρα

куля

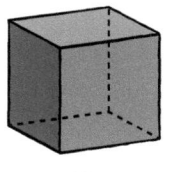

κύβος

куб

άσπρο

білий

κίτρινο

жовтий

πορτοκαλί

помаранчевий

ροζ

рожевий

κόκκινο

червоний

μωβ

фіолетовий

μπλε

синій

πράσινο

зелений

καφέ

коричневий

γκρι

сірий

μαύρο

чорний

πολύ / λίγο

багато / мало

θυμωμένος / ήρεμος

лютий / мирний

όμορφος / άσχημος

гарний / бридкий

αρχή / τέλος

початок / кінець

μεγάλος / μικρός

великий / малий

φωτεινός / σκοτεινός

світлий / темний

αδελφός / αδελφή

брат / сестра

καθαρός / λερωμένος

чистий / брудний

πλήρης / ατελής

завершений /
незавершений

ημέρα / νύχτα

день / ніч

νεκρός / ζωντανός

мертвий / живий

φαρδύς / στενός

широкий / вузький

βρώσιμος / μη βρώσιμος

їстівний / неїстівний

κακός / ευγενικός

злий / дружній

ενθουσιασμένος /
βαριεστημένος

збуджений / нудьгуючий

παχύς / λεπτός

товстий / тонкий

πρώτος / τελευταίος

спочатку / востаннє

φίλος / εχθρός

друг / ворог

γεμάτος / άδειος

повний / порожній

σκληρός / μαλακός

жорсткий / м'який

βαρύς / ελαφρύς

важкий / легкий

πείνα / δίψα

голод / спрага

άρρωστος / υγιής

хворий / здоровий

παράνομος / νόμιμος

незаконний / законний

έξυπνος / χαζός

розумний / дурний

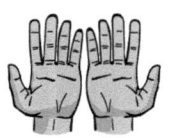

αριστερός / δεξιός

вліво / вправо

κοντινός / μακρινός

поруч / далеко

καινούριος /
μεταχειρισμένος

новий / використаний

τίποτα / κάτι

нічого / щось

γέρος | νέος

старий / молодий

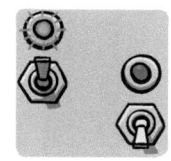

αναμμένος / σβηστός

вкл / викл

ανοιχτός / κλειστός

відкрито / закрито

χαμηλόφωνος /
μεγαλόφωνος
тихо / гучно

πλούσιος / φτωχός

багатий / бідний

σωστός / λανθασμένος

правильно / неправильно

τραχύς / λείος

шорсткий / гладкий

λυπημένος / χαρούμενος

сумний / щасливий

κοντός / μακρύς

короткий / довгий

αργός / γρήγορος

повільно / швидко

υγρός / στεγνός

вологий / сухий

ζεστός / δροσερός

гарячий / холодний

πόλεμος / ειρήνη

війна / мир

αντίθετα - протилежності

0

μηδέν

нуль

1

ένα

один

2

δύο

два

3

τρία

три

4

τέσσερα

чотири

5

πέντε

п'ять

6

έξι

шість

7

εφτά

сім

8

οκτώ

вісім

9

εννιά

дев'ять

10

δέκα

десять

11

έντεκα

одинадцять

12
δώδεκα
дванадцять

13
δεκατρία
тринадцять

14
δεκατέσσερα
чотирнадцять

15
δεκαπέντε
п'ятнадцять

16
δεκαέξι
шістнадцять

17
δεκαεφτά
сімнадцять

18
δεκαοκτώ
вісімнадцять

19
δεκαεννέα
дев'ятнадцять

20
είκοσι
двадцять

100
εκατό
сто

1.000
χίλια
тисяча

1.000.000
εκατομμύριο
мільйон

Αγγλικά

англійська

Αμερικάνικα Αγγλικά

американська англійська

Μανδαρίνικα Κινέζικα

китайська
високочиновницька

Χίντι

хінді

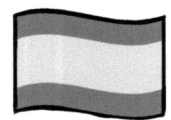

Ισπανικά

іспанська

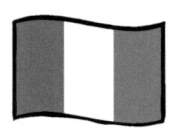

Γαλλικά

французька

Αραβικά

арабська

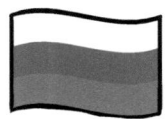

Ρώσικα

російська

Πορτογαλικά

португальська

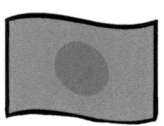

Μπενγκάλι

бенгальська

Γερμανικά

німецька

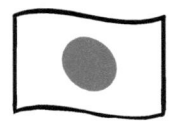

Ιαπωνικά

японська

εγώ

я

εσύ

ти

αυτός / αυτή / αυτό

він / вона / воно

εμείς

ми

εσείς

ви

αυτοί / αυτές / αυτά

вони

ποιος / ποια / ποιο;

хто?

τι;

що?

πώς;

як?

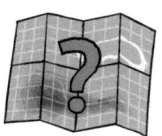

πού;

де?

πότε;

коли?

όνομα

ім'я

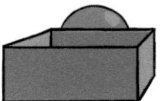

πίσω

ззаду

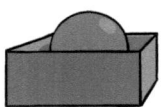

μέσα

в

μπροστά

перед

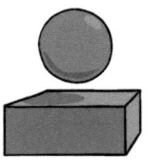

πάνω από

над

πάνω

на

κάτω

під

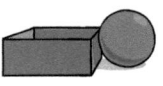

δίπλα

біля

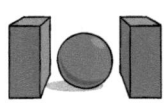

ανάμεσα

між

μέρος

місце